Storytelling Service

유머와 함께하는 고객서비스 테크닉

스토리텔링 서비스

임붕영 저

(주)백산출판사

머리말

Fact와 Story 중에서 무엇이 더 오래 기억이 남을까요?

스탠퍼드대학 경영대학원의 제니퍼 아커 교수는 이렇게 말합니다.

"인간은 무언가를 구매할 때 논리적으로 결정하지 않는다. 감정이 먼저 결정하고 나중에 그 결정을 논리로 정당화시킨다." 이것이 감정에 호소하는 스토리입니다.

필립 코틀러 교수는 이렇게 말합니다.

"인간의 구매 동기에는 무의식적인 요소가 큰 영향을 끼치는 탓에 소비자는 대개 자신이 진정 무엇을 원하는지 알지 못한다. 그러므로 앞으로 마케팅을 할 때 무의식적인 요소를 찾아내 스토리를 만들어 전달함으로써 소비자의 심층에 깔린 구매 동기에 호소해야 한다."

제니퍼 아커 교수는 기업에 대표가 될 만한 스토리를 개발해서 활용해야 한다고 주장합니다.

첫째, 스토리 자체가 재미가 있어야 합니다. 시사성이 풍부하고 신선하며 흥미로워야 합니다. 게다가 유익한 정보를 얻을 수 있고 화제성 있으며 즐거워야 합니다.

둘째, 사람들이 순수하게 믿을 수 있어야 합니다. 이야기는 거짓말이다, 엉터리다, 단지 기업 이미지를 좋게 하려고 지어낸 이야기 같다, 어쩐지 꿍꿍이가 있을 것 같다는 뉘앙스를 풍겨서는 절대 안 됩니다. 진정성을 통해서 마음을 움직일 수 있는 스토리를 만들어나가야 합니다.

셋째, 사람을 매혹하는 무언가가 있어야 합니다. 고객의 기억에 남고 마음에 여운을 남겨서 사람을 움직이는 이야기, 구매하고 싶은 충동을 불러일으키는 감성에 호소해야 합니다.

이제는 고객관리 서비스를 독특하고 재미있고 감동적인 스토리를 만들어서 마케팅에 활용해야 합니다. 팩트보다 강한 것이 스토리이기 때문입니다.

AI와 인간의 차이는 무엇일까요? 인간에게는 스토리가 있다는 겁니다. Digital, VUCA, Metaverse 시대 고객을 끌어들이는 유일한 길은 감성을 자극하는 스토리입니다

스토리의 힘이 과학적으로 입증되고 있습니다. 이야기 속에는 사람을 움직이게 만드는 놀라운 힘이 있다는 것입니다.

폴 스미스가 밝힌 스토리의 효과입니다.

- 스토리는 전염성이 강하다.
- 스토리는 기억하기 쉽다.
- 스토리는 영감을 준다.
- 스토리는 모든 유형의 학습자에게 통한다.
- 스토리는 듣는 이를 학습 모드로 빠져들게 한다.

스토리는 사람을 무장해제 시킨다는 말이 있죠. 마음을 열게 하고 몰입하게 만든다는 말입니다.

이 책은 기존의 딱딱한 내용을 부드럽고, 재미있는 스토리로 구성하여 현장에서 고객관리에 활용할 수 있는 형식으로 꾸몄습니다. 감성시대, 감성 소비하는 고객에게 따뜻하고 재미있게 서비스할 수 있는 기법들이 들어있습니다. 아무쪼록 고객을 기쁘고 행복하게 만드는 서비스 역량을 키워나가기 바랍니다.

저자 임봉영

차 례

1 유머로 고객의 품격을 높이는 서비스 7

1. 유머 서비스로 똥침 줘봐! ······ 9
2. 마음이 열려야 세상이 열리지! ······ 16
3. 돼지에겐 서비스하지 마 ······ 21
4. 세월은 사모님을 비켜 가나 봐요? ······ 25
5. 미모에 빠져 허우적거렸나 봐 ······ 29
6. 고객이 죽으라면 죽을 건가요? ······ 33
7. 시체 취급당하기 싫으면 열정을 뿜으라고 ······ 38
8. 쓰레기를 부으니까 쓰레기가 나오지 ······ 43
9. 웃음이 화장이래요 ······ 47
10. 얼굴만 예쁘면 뭘 해 ······ 51
11. 고객의 지식을 이용해봐 ······ 56

2 유머 서비스맨으로 성공하는 비결 63

1. 웃음은 전염된다는 거야 ······ 65
2. 서비스 쫀심을 키워봐 ······ 70
3. 배꼽은 닦은 거야? ······ 75
4. 경비가 사장이라니까 ······ 79
5. 고객하고 결혼하지 그래요? ······ 82
6. 유머가 고객을 춤추게 하리 ······ 86
7. 도끼 맞아 죽은 돼지가 정말 웃는다고? ······ 91

3 웃으면서 돈 벌고 고객을 춤추게 하는 서비스 전략 99

1. 립서비스 하지 마라 ···· 101
2. 그건 그때그때 달라요 ···· 105
3. 이 곡이 무슨 곡이죠? 돼지고긴데유! ···· 109
4. 설렁탕을 팔지 말고 서비스를 팔아라 ···· 113
5. 구렁이가 되는 거군요 ···· 117
6. 화장실은 우리 모두의 얼굴이라 ···· 121
7. 방귀는 타이밍을 잡아야 성공이야 ···· 125
8. 첫인상은 두 번 줄 수 없다 ···· 129
9. 코미디언을 죽이는 건 한 번의 하품이야 ···· 133
10. 친절하지 못한 놈은 능력이 없는 놈이야 ···· 137
11. 100-1=?인가 ···· 142
12. 개 풀 뜯어 먹는 소리하지 마 ···· 147

4 한번 고객을 평생 고객으로 만드는 유머 화법 155

1. 고객은 항상 옳다고 생각해봐 ···· 157
2. 고객 없이는 아무것도 할 수 없다는 말이군요 ···· 161
3. 개객거린다뇨? ···· 165
4. 가장 무서운 고객이 누구죠? ···· 169
5. 뭐, 누가 월급 준다고? ···· 174
6. 고객의 눈에 들어야 하니까요 ···· 178
7. 왜, 강아지를 사람하고 한 묶음으로 보세요? ···· 182
8. 그녀는 아름다운 Girl ···· 186
9. 고객의 입을 훔쳐라 ···· 189
10. 고객에게 물어보란 말야 ···· 193
11. 고객이 나의 운명을 쥐고 있다 ···· 195

Storytelling Service

CHAPTER 1

유머로 고객의 품격을 높이는 서비스

서비스의 출발은 표정이다.
표정이 밝지 못하면 친절이나 고객관리는 기대할 수 없다.
표정은 국제 언어이기 때문이다.
웃음은 가장 확실한 전략이다.
웃음이 없는 사람은 집 밖에 나설 자격이 없다.
웃음이 제 간판이니까.

CHAPTER

1 유머로 고객의 품격을 높이는 서비스

1. 유머 서비스로 똥침 줘봐!

"고객이 불평하면 어떡하죠?"
하고 신입사원이 지배인에게 물었다.

"응, 그냥 웃어."

"그래도 짜증을 내면은요?"

"그럼 고객을 웃겨봐."

"웃기는데도 계속 화를 내면은요?"

지배인은 심각하게 생각하다 답변했다.

"유머로 똥침 줘!"

고참 씨는 늘 왕초보인 미스 왕에 대하여 걱정이다.

"미스 왕의 열정은 10년 넘게 근무한 선배들보다 너무 뜨거워요. 그리고 그 미모를 누구한테 비교할 수 있겠어요."

"그러면 갖출 것을 다 갖추었는데 뭘 염려하세요?"

"내 말은 기본이 안 되어있다는 말이야. 기본이."

"아니 저를 철부지로 생각하세요. 사람 뽑아 놓고 나서 기본 운운하면 이 회사야말로 정말 기본이 안 된 회사군요."

“그런 기본이 아니라. 바로 미소가 없단 말이지. 그 예쁜 얼굴에 미소는 어디에다 버리고 출근했느냐고?”

“버리긴 어디에다 버려요. 고참 씨는 얼굴을 어디에 버리고 다니세요. 태생이 그런 걸 어쩌란 말예요?”

“바로 그거야. 태생?”

“지금 제 출신 성분을 물고 늘어지는 거예요?”

“그런 태생이 아니라 사람은 누구나 태어날 때부터 웃는 사람은 없다는 법이냐. 그런데도 인간만이 유일하게 웃을 수 있는 동물이라고 하잖아. 결국 웃음은 그 사람의 인격과 자신감을 나타내 주는 증거라고 볼 수 있지.”

“미소가 중요하단 말씀이군요?”

“중요한 정도가 아니라 모든 것이라고 말할 수 있어. 서비스는 지식이나 학력이 높다고 잘하는 게 결코 아니야. 마음이 얼굴을 통하여 따뜻하게 고객에게 전달하는 게 중요하거든.”

“그런데 열정보다 더 중요한 게 없다고 어제 교육시간에 가르쳐 주셨잖아요?”

“그건 말이야 웃음 서비스를 제대로 이해하고 나서 하는 말이야. 무식한 사람이 힘만 세다는 식으로 소리나 지르고 정성이 없으면 그건 진정한 서비스는 아냐.”

고참 씨는 늘 직원들에게 마음에 정성을 담는 웃음 서비스를 하라고 잔소리다.

“그럼 어디 한번 고참 선배님께서 속 시원하게 진정한 서비스가 뭔지를 털어놔 봐요?”

“다시 말하지만 내가 말하는 서비스는 웃음이 살아있을 때만 가능하다는 점을 명심해 두라고. 키케로라는 철학자는 사람의 모든 것은 얼굴에 있다고 말했어. 미소가 사라지면 그건 한 마디로 꽝이야.”

고참 씨는 늘 그랬던 것처럼 지난 2년간 선진국을 돌아다니며 유명한 서비스 기업체를 둘러보고 그들에게서 배운 고객 웃게 하는 서비스 기법에 대하여 털어놓기 시작했다.

"미스 왕, 내 말 잘 듣고 생각 좀 해 보자고. 미국의 유명 백화점 지배인에게 들은 이야기인데 미국에서는 자식에게 제일 먼저 가르치는 말이 'Thank you'라는 거야. 그런데 한국에서는 자식에게 제일 먼저 가르치는 말이 무엇이냐고 묻더군. 미스 왕은 우리나라에 자식에게 제일 먼저 어떠한 말을 가르친다고 생각하나?"

"고 선배님, 아이를 키워 보지 않은 사람이 어찌 그걸 알아요. 혹시 나를 애 엄마 취급하는 것 아닌가요?"

"아니, 조카나 이웃에서 어린아이를 기르는 경우를 보았잖아. 뭘 그런 걸 가지고 과민 반응이야. 미스 왕, 정말 그런 사소한 일에 과민하면 고객 관리하는 데 어려움이 많아. 별의별 손님을 다 만날 텐데…."

고참 선배에게 첫날부터 대들었던 왕초보인 미스 왕은 판정패 당하고 말았다.

"알았다고요. 그거야 당연히 조용히 해, 밥 먹어라. 예쁘다 등 그런 거 아닌가요?"

"대답을 들어보니 애 엄마가 아니건 확실하군."

"지금 뭐라 했죠. 어찌 그렇게 심한 말을……."

"그래, 좀 이해하기에 따라서 그렇게 들릴 수도 있겠군. 내가 사과하지. 그런데 말이야 그 지배인의 말인즉, 그것은 다름 아닌 까까와 지지라는 거야. 문제는 여기에서 그치지 않는다는 거지. 'Thank you'라는 말을 배우고 자란 아이들은 어른이 되어서도 남을 존중할 줄 알고 배려하는 서비스 정신이 몸에 배어 있지만, 한국 아이들이 먼저 배우는 까까와 지지는 어른이 되어서 어떻게 변하는지 아느냐고 묻더군."

"그래서 뭐라고 말했죠?"

"딱히 마땅한 대답이 생각이 안 나더군. 그런데 그의 말에 충격을 받았어."

"그가 뭐라 말했는데 선배님처럼 자신만만한 사람이 충격까지 받았나요?"

"그건 다름 아닌 내 새끼 제일주의와 뇌물사회로 발전한다는 거야. 그의 말인즉 자식이 다칠까 봐 웬만한 일에는 지지 지지하면서 과보호하게 되고. 그리고 어려서부터 울어도 까까, 심부름을 시킬 때도 까까, 타이를 때도 까까, 까까 하면서 다루다 보니 까까는 하나의 거래 수단으로 발전하고 이는 결국 어른이 되어서도 뇌물을 주고받는 뒷거래, 편법이 성행하는 풍조를 만들어 나간다는 것이었어."

"그런 사람들에게 무슨 미소를 발견할 수 있느냐는 말로도 들리는군요."

"당연하지."

"한편으로는 창피해서 죽을 뻔했다고."

"미소가 없는 서비스는 정을 느낄 수 없죠. 그리고 친근감을 느끼기도 힘들고요. 당연히 웃는 서비스가 제일이죠."

"미스 왕, 내가 알고 있는 유통업을 운영하는 정 사장은 이제는 상품 싸움이 아니라 서비스 싸움이라고 단호히 말하고 있어. 아무리 멋지고 훌륭한 상품도 하루아침에 카피된다는 거지. 이제 상품은 더 이상 차별화의 수단이 될 수 없다는 거야. 그러다 보니 요즘 소비자들은 상품과 더불어 얻을 수 있는 무언가에 귀 기울이게 된다는 거야."

"나도 그것쯤은 알아요. 그것이 다름 아닌 서비스라는 것이지요."

"그래 제법인데, 첫날부터 잘 나가는 미스 초보라고 해두지. 또 한 사람이 있는데, 박 사장이라는 분은 사무직으로만 직장 생활을 20여 년 하다 지난해 퇴직하면서부터 난생 처음 뭔가를 팔아보겠다며 유통업에 뛰어들었어. 시장의 흐름을 모르고 평소에 서비스와는 거리가 먼 업종에서 근무하다 보니 당연히 사업에 재미를 볼 수가 없었지."

"그래서 쫄딱 망했군요?"

"정말, 그렇게 끼어들래? 이 서비스의 달인인 고참을 어떻게 보는 거야?"

"알았어요. 이따 선배님 좋아하는 스파게티나 제가 사드리죠."

"그 정도 사과 가지고는 안돼."

"알았다고요. 그래서 박 사장은요?"

"당연히 서비스가 얼마나 중요한지를 얘기하더군. 그의 말인 즉, 서비스는 모든 것이라는 거야. 특히 자기처럼 제조업체로부터 물건을 받아 소비자에게 넘기는 유통업에서는 서비스는 그 자체가 생명이라는 거지. 같은 상품을 누가 기분 좋게 소비자에게 전달하느냐는 기업이 죽느냐 사느냐를 결정 짓는 일이라더군."

"뒤늦게라도 깨달았으니 다행이군요."

"그런데 그가 깨달은 서비스가 바로 웃는 얼굴이었다는 거야. 유창하게 말을 잘 하는 것보다 웃는 전략으로 나가다 보니 거부 반응이 줄고 낯선 사람에게 접근하기가 쉽더라는 거지."

그들은 잠시 휴식을 취하며 커피를 마시면서 화제를 바꾸었다.

"고참 선배는 외식을 얼마나 자주 하세요?"

"밖에 나가 먹는 것은 좋은데 음식 가격이 워낙 비싼 편이라서…."

"선배님 정도의 월급이면 밖에 나가 자주 즐기셔야죠?"

"외식 이야기가 나와서 말인데 외국계열 패밀리레스토랑에 근무하는 지배인이 있는데, 이제는 음식을 파는 시대는 지났다고 말하더군."

"식당에서 음식을 팔지 않으면 뭘 판다는 거죠? 히히덕거리며 웃음이나 팔라는 말인가요. 그럼 차라리 광대를 데려다 놓지?"

"왕초보 벌써 웃음에 세뇌되어 가는구나! 일단은 좋은 징조야. 계속 웃으라고. 그 지배인의 말인즉 소비자들은 음식 맛은 큰 차이가 없다고 본다는 거야. 어느 업소가 자신들을 편하게 대하고 존중하는가에서 더 큰 외식의 즐거움과 가치를 느끼게 된다는 거지."

"게다가 웃음이 넘치는 직원들이 있다면 뿅 가겠군요?"

"왕초보야 너 뿅 맞니. 왜 자꾸 뿅 소리를 하는 거야."

잠시 머뭇거리던 왕초보 이번에는 이론을 들고 나오는데,

"그거요, 강의 시간에 들은 건데요, 요즘은 이성적인 소비하는 시대가 아니라 감성적인 소비를 하기 때문이래요. 상품 자체보다는 그 상품을 통해서 얻는 기분 같은 거 있잖아요?"

"바로 그거야, 서비스란 상품만을 파는 것이 아니라 그 상품을 둘러싸고

있는 가치를 파는 것이라고."

"그래서 감성 시대라는 거 아닌가요? 어때요. 왕초보 치고는 쓸 만하죠?"

"결론은 웃음을 잃으면 모든 게 꽝이라는 거야. 따뜻한 미소가 최고의 훌륭한 서비스를 만드는 법이니까!"

파워 유머 서비스 기법

어느 기업에서 친절 서비스에 대하여 사장의 특강이 있었다.
"여러분은 무조건 웃는 걸 연습하세요. 웃는 만큼 고객은 지갑을 엽니다."
이때 한 직원이 질문했다.
"사장님, 웃겨도 지갑을 열지 않으면 어떻게 된 거죠?"
갑작스러운 질문에 맥을 잃어버린 사장은 잠시 머뭇거리다 한마디 했다.
"그야 지갑이 고장난 걸 어떻게 해."
웃음이 최고의 전략이라는 말이 있죠. 웃어서 해결되지 않는 일은 없다는 말이래요. 특히 고객을 다루는 데 있어 웃음보다 더 좋은 서비스는 없다고 말하죠.
실제로 웃음이 없는 서비스는 가식일 수가 있어요. 고객들은 말보다는 표정을 통하여 진실을 파악하니까요!

2. 마음이 열려야 세상이 열리지!

"왜 즐겁고(Merry), 행복한(Happy) 것들이 한국에 오면 개가 되지?"

"그만큼 한국인들은 식욕이 왕성하단 거지."

고참 씨와 왕초보 씨는 거래처 손님을 만나기 위해 호텔로 향했다.

"와, 역시 호텔은 그 자체가 서비스야!"

"신입사원이 선배 잘 만나서 호텔 음식 먹는 줄 알라고."

"회삿돈 쓰면서 생색은 혼자 내는군요. 정말 후배를 사랑한다면 월급 타는 날 한번 쏴 보세요!"

"어서 오십시오. 두 분입니까? 이쪽으로 모시겠습니다."

"네, 손님을 기다리는 중입니다."

"그럼, 잠시 후에 다시 오겠습니다. 말씀 나누세요."

호텔서비스에 반한 미스 왕이 감탄했다.

"정말 친절하구나. 그러니 돈 쓰고 아깝지 않다고들 하지."

갑자기 직업병이 도지기 시작한 고참 씨 또 서비스 강의를 시작하는데.

"이봐 왕초보, 무조건 친절이나 베푸는 것이 서비스는 아니야. 고객과의 신뢰 관계를 구축하여 고객을 유지하고 매출액을 향상시킬 수 있는 기본원칙이 있어야 해."

"또 또 또 시작이다. 그래 어디 계속해 보시지요, 고고참 선배님. 친절이 서비스가 아니면 뭐가 서비스란 말이어요?"

"미스 왕, 잘 지적했는데, 바로 그 점이야. 서비스는 두 가지 차원에서 이해되어야 하는데, 하나는 마인드 개선이고 또 하나는 태도의 변화야. 서비스에 대한 올바른 이해와 고객을 존중하는 기본적인 마인드의 개선 없이는 올바른 서비스를 표현할 수 없다는 거야."

"그게 친절교육의 핵심이라는 건가요? 눈만 뜨면 '친절, 친절'하는데 언제까지 그 소리 들어야 하나요?"

"미스 왕이 죽든가 손님이 죽을 때까지는 들어야 할걸."

"차라리 죽고 말죠?"

"죽는 건 나중에 생각해보고 내 말 좀 들어보라고. 지금 우리나라는 기업은 물론이요, 관공서 정부 기관에서부터 조그만 구멍가게에 이르기까지 서비스 친절교육 열풍이 불고 있잖아. 그만큼 경쟁력의 요소로서 친절 서비스가 상대적으로 중요해져 가고 있음을 보여 주고 있는 거야. 그런데 대부분의 교육이 직원들에 대한 마인드개선에 투자하기보다는 일회성으로 고개나 숙이고 표정이나 짓는 겉치레 교육에 그치고 있어 안타까워. 많은 예산과 시간을 투자해서 수박 겉 핥기 식으로 형식적인 교육에 그치고 있으니 실질적으로 서비스다운 문화가 뿌리내리지 못하는 거라고."

"그래서 고참 선배님의 마음이 뜨겁군요?"

"이봐 다른 사람이 들으면 오해해, 그만 듣기나 좀 해, 무슨 마음이 뜨거워 뜨겁긴. 내 말인즉 고객을 사랑하는 마음을 가져야 한다는 거야."

"민감하긴, 저는 선배를 남자로 보지 않으니 걱정하지 마세요"

"선배 중의 한 분은 외국계열의 보험회사에서 교육업무를 10여 년간 담당해 오고 있는데, 서비스 교육은 머리를 열어주는 게 아니라는 거야. 절대로 머리로는 될 수 없는 것이 친절 서비스라고 강조하거든. 아무리 훌륭한 교육을 시켜도 이삼일 지나면 평상시 상태로 되돌아온다는 것이 그 선배의 서비스 주장이야."

"그럼, 저처럼 마음을 열라는 거군요."

"마음이 열리지 않으면 진정한 서비스는 기대하기 힘들다는 것이지. 머리로 계산하고 이성적으로 옳고 그름을 판단하는 것이 아니라 마음을 열고 정서적인 가치를 나누는 것이 서비스라는 거야."

"이제 철학적인 이야기는 그만하고 뭘 좀 먹어요. 다른 손님들 먹는 것 보다가 목 빠지겠어요."

그들은 식사를 끝내고 막 사무실로 들어가고 있었다.

"미스 왕, 길도 막히는데 우리 서비스의 정의나 내리면서 갈까?"

"그거 좋군요. 차 안에서 내리는 서비스 정의는 나중에 후배들에게 반드시 들려줄게요. 그럼 어디 한번 서비스 정의로 들어가 볼까요?"

"좋아. 그러면 우선 왕초보가 서비스 이니셜을 한번 대보라고."

"자, 그럼 들어갑니다. S요?"

"S는 미소(Smile)와 신속성(Speed), 종업원의 성실함(Sincerity)을 의미하는 거야. 성실하지 못한 사람에게서는 서비스를 기대한다는 것은 불가능한 일이야."

"두 번째는 E입니다."

"E는 활기가 넘치고(Energy) 조직 전체에 힘을 불어넣어야 한다는 거야. 서비스맨이 힘이 없고 생기가 없으면 살아있는 서비스를 제공할 수는 없는 거지. 그래서 자기관리가 중요한 거야."

"나처럼 말이죠?"

"그래, 또 발작하는군. 다음은 뭐야?"

"다음은 R이죠."

"그래. R은 신선하고 혁신적(Revolutionary)이어야 한다는 것을 말하지. 남이 하는 것만 따라 해서는 감동을 주지 못한다는 것을 말하는 거라구. 미스 왕도 처음부터 남의 흉내만 내지 말고 자기만의 독특한 이미지를 만들어 가란 말이야."

"걱정 말아요. 얼굴이 있잖아요. 이 미모에 반하지 않을 손님은 뭔가 문제가 있는 거라고요. 다음은 V인데요."

"V는 마냥 미소만 짓는 것이 아니라 받는 사람이 가치(Valuable)를 느낄 수 있어야 한다. 감동을 준다는 것은 가치를 느끼게 해 준다는 것을 말하지. 소비과정을 통해서 고객들이 구매하는 것은 궁극적으로 가치라는 거야."

"다음은 I입니다."

"I는 감명 깊고 인상적(Impressive)이어야 한다는 것을 말해. 상품이 차별화를 이룰 수 없다면 서비스가 그 역할을 해야 하는데 그러기 위해서는 독특하고 인상적이어야 하네. 인상적인 서비스란 오래 기억되고 누군가에게 이야기하고 싶은 서비스를 말하지. 그래야 재방문이 이루어진다고."

"잘도 꾸며대네요."

"지금 고참 선배에게 대드는 거야? 그런 거야?"

"감히 어느 안전인데 대들겠습니까? 다음은 C입죠."

"C란 서비스는 설득력이 있는 대화술(Communication)이 있어야 한다는 것을 말하네. 대부분의 서비스는 고객과의 관계를 원만하게 유지하는 일인데, 그 핵심은 대화 기법일세. 얼마나 공손하고 믿음이 가며 설득력 있는 대화 기법을 갖는가가 중요하지."

"그럼 말 잘하는 앵무새 같은 사람이나 뽑지 왜 나처럼 예쁜 여자를 뽑으셨죠? 이 미모를 누가 알아주리오?"

"걱정하지 마. 미스 왕의 미모는 내가 보장할 테니까."

"이제 마지막이에요. 또 E네요."

"그래 이번의 E는 서비스는 고객을 따뜻하게 환대하고 즐겁게 하는(Entertainment) 요소가 뒤따라야 한다는 거야. 접대받은 손님이 즐거움을 느끼지 못하고 외식 나온 손님이 집에서 느낄 수 없는 즐거움을 누리지 못한다면 그것은 진정한 서비스라고 볼 수 없네."

어느덧 이들은 회사 가까이에 이르렀다.

"선배님의 차내 특강 덕분으로 지루하지 않게 도착했네요. 역시 고참 씨다운 면이 흘러요."

"왕초보는 나와 파트너가 된 것이 행운인 줄 알아."

"알았으니 그 밴댕이 속 같은 마음이나 여세요."

"뭐야 감히……."

"마음을 여는 것이 서비스라면서요."

"그래 맞았어. 마음이 열려야 웃음이 나오지!"

"그리고 웃음 나와야 돈이 모이죠."

"자 함께 웃자고. 하하 호호 히히!"

파워 유머 기법

루스벨트 대통령이 한 기자로부터 질문을 받았다.

"대통령께서는 스트레스를 받으면 어떻게 하십니까?"

"어, 나는 휘파람을 분다네."

"그런데 아무도 대통령께서 휘파람 부는 것을 본 사람이 없다는데요?"

"그야 아직 스트레스를 받은 적이 없으니까 그렇지!"

마음이 열리면 보여요. 지금 살짝 마음을 열어보세요. 그러면 길이 보이고 사람들이 보이고 그 안에 숨겨진 웃음이 보여요. 지금 당장 조금만 열어 보세요. 그러면 스트레스는 모두 도망가고 고객이 품 안으로 들어 올 거예요.

3. 돼지에겐 서비스하지 마

"지갑을 빨리 여는 고객은?"

"값이 싸다고 느끼는 사람이겠죠."라고 첫 번째 손님이 대답했다.

"품질이 뛰어나다고 판단한 사람이겠죠". 두 번째 손님이 말했다.

묵묵히 앉아 있던 세 번째 손님은 이렇게 응수했다.

"손놀림이 빠른 사람이요."

고참 씨는 미스 왕을 데리고 은행으로 나갔다. 자신의 밀린 대출금도 갚을 겸 기왕에 예쁜 왕초보 씨 현장 서비스 교육도 시킬 겸. 은행에 들어서자마자 왕초보 씨는 고객들이 길게 줄 서 있는 것을 보고 놀랐다. 그런데 고참 씨가 놀란 것은 다른 데 이유가 있었다.

"고참 씨도 길게 늘어서 있는 사람 보고 놀라셨군요? 오늘 제때에 일 보기는 그른 것 같은데 다음에 오는 게 어때요?"

"내가 놀란 건 그게 아니야, 이 바보야!"

"이봐요. 멀쩡한 사람보고 바보라뇨? 당신 선배랍시고 이렇게 사람을 대해도 되는 건가요?"

"미스 왕, 흥분하지 마. 바보 같은 생각을 하니까 답답해서 하는 소리야."

"뭐가 그리 답답하단 말인가요? 사람들이 많이 대기하고 있으니 다음에 오자는 것이 바보라면 당신은 뭐 때문에 그리 놀랐나요?"

"왕왕초보야, 저 벽에 붙어 있는 글씨 좀 읽어보라고."

고참 씨가 가리킨 벽에는 '고객 만족 경영대상 시상 은행'이라는 글씨가 붉은 글씨로 크게 쓰여 있었다.

"그게 어찌 됐다는 겁니까?"

"고객 만족 경영대상을 수상한 은행이 손님들을 저리 줄 세워 기다리게 할 수 있다는 건가. 둘러봐. 나머지 직원들은 각자 잡무나 처리하고 있는데 2명의 직원이 수십 명의 고객을 기다리게 하면서 일을 하잖아. 어떠한 경우라 하더라도 고객을 기다리게 하는 것은 싫증나게 하는 일이지."

"우선 고객 일을 우선으로 처리하라는 말씀이시군요?"

"그래, 이제 뭔가 좀 통하는군. 선진국에서는 은행에서 손님들이 1분 이상 기다리면 1달러씩을 지급하는 서비스를 시행할 정도라니까."

"빙고. 손님을 기다리게 하는 것은 그 사람의 돈을 뺏는 것이나 마찬가지라……."

"바로 그거야, 잡무는 언제든지 시간을 내서 할 수 있거든. 우선은 고객을 기다리지 않게 하는 것, 신속하게 업무를 처리해 주는 것이 서비스야. 서비스란 고객의 가려운 곳을 찾아내는 일이거든. 그리고 필요한 곳을 긁어 주면 돼. 그게 바로 고객이 원하는 거라고."

이날 왕초보는 역시 짬밥 수를 무시할 수 없다는 교훈을 얻었다. 왕초보인 자신이 보는 눈과 고침 선배가 보는 눈은 아직 천지 차이라고 다시 한번 깨닫게 된 것이다. 은행에서 돌아온 두 사람은 점심을 먹고 다시 매장으로 돌아가 일을 했다.

서비스하면 두 번째 가라면 자살할 것이라는 김 고참 지배인은 왕 초보 씨의 손님 접대 방식에 문제가 있다고 지적한다. 한참 동안 멀리서 왕초보를 지켜보던 고참 씨. 드디어 참다못해 왕초보를 불러 다그치기 시작하는데,

"이봐, 미스 왕, 당신은 도대체 손님을 나무토막으로 보는 거야, 아니면 돼지로 보는 거야?"

"고 선배님 무슨 말씀이세요? 표현이 좀 지나치다고 생각지 않으세요?"

"지나치긴. 미스 왕의 서비스 태도야말로 거꾸로 지나치다고. 오전에 은행에서 얻은 교훈이 뭐야? 서비스는 물건을 파는 것이 아니라 고객의 가려운 곳을 찾아내어 긁어 주는 것이라고 했지? 미스 왕은 지금 돼지에게 먹이를 던져 주는 것과 같은 서비스를 하고 있다고."

"아 글쎄, 어디가 가려운지 말을 해야 긁든가 간지럽히든가 하죠?"

"바로 그거야. 고객의 욕구를 찾아내는 것, 그것이 진짜 서비스라고."

“글쎄, 어떻게 그 깊은 욕구를 알아내느냐고요? 이럴 때 선배님의 기술을 보여줘 봐요.”

“그래, 첫 번째는 고객이 말을 많이 하도록 분위기를 조성하는 거야. 미스 왕은 손님을 앞에 놔두고 혼자 짖어 댄다는 거야. 손님이 말할 틈을 주는 것, 이것이야말로 고객의 욕구를 알아내는 비결이라고.”

“알았어요. 서비스업계에 잔뼈가 좀 굵었다고 무시하기죠? 어디 두고 보자구요. 나중에 누가 서비스 왕이 되는지.”

“그래 만약에 미스 왕이 서비스 왕이 되면 나는 서비스 달인이 되어있을 거다.”

“계속하세요.”

“앵무새 서비스는 토해버려라. 외국의 어느 항공사의 서비스 매뉴얼에 나와 있는 말이야. 서비스 매뉴얼을 달달 외워대는 것은 흉내 내는 것이지 서비스가 아니라는 것이지.”

“이해가 가는군요.”

“자 지금부터 미스 왕이 그동안 서비스에 대하여 잘못 인식하고 있는 생각부터 버려야 돼.”

“우선 가려운 곳을 찾아 긁어 주어라!”

“그렇고 말고, 그것이 고객의 지갑을 터는 일이야!”

“털다뇨?”

“고객의 돈을 털자고 하는 일 아닌가?”

“그래도 좀 표현이…….”

“그래, 그럼 훔친다고 해두지!”

파워 유머 기법

"이 옷이 이제야 주인을 만났군요?"

"그래요?"

"그럼요. 손님을 위해서 만들어진 옷인데요. 어디서 헤매시다 이제 오셨어요?"

"그럼 반값에 주세요."

"반값이라뇨? 이게 얼만지 아세요?"

"그럼 영영 주인 못 만나고 걸려 있겠군요!"

오늘 고객의 입장에 서 보셨나요? 입장을 바꿔 놓고 생각해보세요. 그럼 해결책이 보이고 아이디어가 솟구친대요. 일이 안 풀리고 짜증 나는 것은 내 눈으로만 보기 때문이라잖아요. 고객의 가려운 곳을 긁어 주는 비결은 뭘까요? 우선 가려운 곳을 찾아야 해요. 그런데 고객의 입장에 서지 않으면 결코 찾을 수가 없대요.

4. 세월은 사모님을 비켜 가나 봐요?

"바쁘다 바빠, 오늘 고객들이 떼거리로 몰려드는군요?"

"일손이 모자랄 정도야."

"그런데 미스 박은 어딜 간 거야?"

한참 후에 미스 박이 돌아왔다.

"화장실 간 시간도 없는데 어딜 쏘다녀?"

"영업부에 발송 작업을 도와주고 오는 길이에요."

왕초보는 불만이 많다. 왜 서비스가 그리도 중요하며 문제인가 하는 점이다. 그도 그럴 것이 고참 씨의 잔소리가 점점 거세지고 고객들의 욕구는 더욱 까다로워지기 때문이다.

"미스 왕초보님. 오늘은 전자제품점을 들러 볼까?"

"고참 선배답지 않게 오늘은 왜 이리 극존칭입니까요? 선배 나리님, 뭐 제게 선물이라도 사줄 건가요?"

"아들 녀석 생일이 다가오는데 스마트 폰을 선물하기로 약속했거든. 그런데 하루가 다르게 제품이 쏟아져 나오다 보니 뭐가 뭔지 알 수가 있어야지."

"옳아, 아들 녀석에게 점수를 따는 데 나를 이용하겠다는 거군요. 그럼 오늘 점심은 뭘 사주실 건가부터 약속하세요."

왕초보의 등쌀에 못 이기는 척하고 근사한 이탈리아 음식점으로 가기로 약속을 하고 전자제품점으로 향했다.

"고참 씨는 따라만 오세요. 제품 보는 눈은 따로 있다고요?"

"야, 이거 대단한 디자인인걸. 그런데 사용방법을 알아야 아들 녀석에게 점수를 따지."

"왜 여기서는 서비스 이야기를 안 해요. 하긴 첨단제품을 잘 쓰기만 하면 되지 서비스나 친절이 무슨 소용이 있겠어요?"

이 말 한마디에 고참 씨는 직업병이 번지듯 일장연설을 시작했다.

"이봐요, 미스 왕. 지금은 첨단시대야. 그렇다면 서비스도 첨단으로 가야지."

"고참 선배는 서비스 병에 걸린 환자예요. 갖다 붙이기만 하면 서비스가 되는 것처럼 눈만 뜨면 노래죠."

"첨단시대인 High Tech 시대에는 이에 어울리는 High Touch 서비스가 필요한 거야. 제품기능이 아무리 뛰어나고 디자인이 멋져도 감성을 터치해 주지 못하면 한 마디로 꽝이지."

"듣고 보니 그럴듯하군요. 역시 서비스 닥터라고 불러줘야겠군요. 오늘부터 서비스 닥터라고 부르겠어요."

"그거 듣기에 기분 나쁘지 않군."

"서비스 닥터님 계속하시죠?"

미스 왕의 칭찬에 흥분된 서비스 닥터는 주변 사람들의 시선에 아랑곳하지 않고 열변을 토하기 시작했다.

"첨단기술의 발전과 경제의 세계화 추세에 따라 고객의 욕구는 다양해지고 있어. 과거처럼 단순히 상품에서 만족을 찾던 시대가 지나고 있다는 거야. 이제는 상품의 질은 대부분 표준화되어가고 있기 때문에 더 이상 차별화 수단이 되지 못한다고 마케팅 전문가들은 말하고 있어. 독특한 기업의 이미지를 창조하고 고객만족을 이끌어 내기 위한 차별화 수단으로서 서비스에 관한 관심이 높아지고 있는 게 현실이야."

"역시 서비스 박사님다워요. 그런데 언제 그런 걸 공부했어요?"

"서비스는 공부만 해서는 되는 일이 아니야. 원래 내 전공은 경영학이거든. 대학교 다닐 때는 서비스에 대한 과목도 없었고, 또 우리나라의 여건상 서비스는 산업으로 취급도 하질 않았어. 사실은 현장에 10여 년간 몸담고 고객과 부딪히며 외국에 나가 유명한 서비스 기업체를 둘러보고 나니 이제는 서비스가 좀 보이는 것 같아."

"고참 선배님은 정말 대학 강단에서도 될 것 같아요."

"앞으로 퇴직하면 나의 꿈은 그동안의 경험과 고객과 만남을 통해서 얻은 경험을 나누는 서비스 훈련 캠프를 운영하고 싶어."

"앗싸. 고 선배 파이팅. 쭉쭉 밀어드릴테니 해 보세요. 반드시 성공할 겁니다. 그런데 요즘 왜 서비스 산업이 급성장하고 서비스의 가치가 중요해지는지 알 수 없나요?"

"좋은 질문인데. 바로 그 점이야. 이제는 제품을 판매하고 이성에 호소하던 시대는 지났다는 거야. 감성에 호소하고 고객을 움직일 수 있는 차별화의 수단으로서 서비스에 핵심역량을 쏟아부어야 살 수 있거든. 제품은 점차 표준화되고 있으며 소비자들도 과거처럼 제품의 품질이나 기능에서만 만족을 찾지 않는다는 것이 더 큰 문제거든."

"서비스만이 살길이다. 많이 들어 본 이야기지만 이제 좀 이해가 될 듯싶군요."

"다행이군. 서비스는 다양한 아이디어와 전략으로 차별화할 수 있는 장점이 있어. 미국에 연수 갔을 때 그 유명한 노드스트롬 백화점을 둘러본 적이 있는데, 전설적인 서비스 바이러스를 퍼트리고 이를 조직문화의 뼈대로 받아들이고 있더군."

"전설적인 서비스라! 정말 실감나는군요."

"우리나라에는 그러한 기업이 없다는 건가요?"

"없기야 하겠어. 그러나 혁신적인 투자나 제도개혁이 서비스 차원에서 이루어지고 있지 않다는 것이지."

"그게 문제군요. 자기 기업만의 차별성을 갖는 서비스를 만들어라! 점점 재미있어지는군요."

파워 유머 기법

"참으로 오랜만에 오셨군요. 사모님!"

"뭐 신제품 좀 들어 온 게 있나요?"

"그럼요, 이쪽으로 앉으세요. 그런데 세월은 사모님을 비껴가나 봐요. 언제 늙으시려구."

"미스 강도 만만치 않아요. 그런 미모를 숨겨두고 혼자 살면 세상 남자들 다 울지 않겠어?"

예쁘고 젊어 보인다는 말을 듣고 입이 벌어지지 않을 사람은 없대요. 서비스의 비결은 상대의 장점을 빨리 찾아내어 포장해 주는 거라네요. 지금 동료를 칭찬해 보세요. 아마 점심은 칭찬받은 사람이 쏠 게 분명하니까요. 그리고 이제 그 칭찬을 고객에게 돌려보세요. 칭찬받은 고객은 다음 번에 동네 아줌마를 트럭을 몰고 올 게 분명할 거예요.

5. 미모에 빠져 허우적거렸나 봐

"세일즈맨이 가장 싫어하는 경기는?"

"..........?"

"불경기."

고참 씨와 왕초보는 약속대로 10분 거리에 있는 이탈리아 식당으로 갔다. 식당 안에 들어서자마자 먹음직스러운 이탈리아 음식 소스가 허기를 부채질했다. 그러나 메뉴 북을 들여다본 왕초보 씨, 갑자기 눈이 휘둥그레지는데.

"아니, 무슨 돈이 그리 많다고 이렇게 비싼 식당으로 왔어요?"

"걱정하지 말라구. 미스 왕 덕분에 오늘 아들 녀석에게 점수 좀 따게 되었잖아. 뭐든지 먹고 싶은 걸 시키라고."

두 사람은 메뉴를 주문하고 음식이 나오기 전에 잠시 주변을 둘러보며 서비스에 관하여 얘기를 나누었다.

"내가 알고 있는 레스토랑 경영주 한 분은 비 오는 날에는 항상 고객에게 우산을 선물한다고 해. 물론 우산을 갖고 있는 고객은 예외지."

"아니 왜 하필 식당에서 우산을 선물하죠, 격이 맞는 건가요?"

"나도 처음에는 그렇게 생각했는데, 그분의 이야기를 듣고 나니까 기막힌 아이디어더라고. 레스토랑에 들렀다 갑자기 비가 쏟아져 망설이는 사람에게 우산만큼 좋은 선물은 없다는 것이지."

"손님에게 필요한 것을 주어라, 그런 건가요?"

"바로 그거야. 지금 당장 손님에게 급히 필요한 것을 주면 두 배, 세 배의 가치를 느낄 수 있다는 거야. 음식 맛이나 분위기보다 비용도 적게 들고 오히려 식당을 알리고 기억나는 식당으로 만드는 데는 이만한 것이 없다는 것이 식당 주인의 이야기였어."

"그럴듯하군요. 돈도 적게 들고 필요한 사람에게······. 그야말로 일석삼조의 서비스 효과를 누리는군요?"

"그렇지, 하지만 이보다 더 좋은 효과는 소비자의 입에서 입으로 퍼져 나가는 구전효과인 서비스 바이러스를 퍼트릴 수 있다는 데 있지. 서비스의 특성상 소문만큼 효과적인 방법은 없기 때문이야.

서비스 기업이 고객에게 무언가를 약속하고 실천해나가는 일이 생명처럼 중요한 일은 서비스의 특성이 일반 제품과는 다르기 때문이라는 것을 알아야 해."

"서비스만의 특성을 살리고 이를 잘 포장하라는 건가요?"

"그래 바로 그거야. 이것을 전문용어로 서비스를 디자인하라는 것이야."

"서비스를 디자인하라니요? 눈에 보이지 않는 것을 어떻게 디자인합니까?"

왕초보는 처음 들어보는 용어가 호기심을 자극하고 더 깊이 공부할 기회라 생각되어 고참 씨를 다그치기 시작했다.

"더 자세히 말씀해 주세요. 서비스를 디자인하라니요?"

"그렇게 재밌나? 이러다간 내 자리 밀고 들어오겠는걸. 서비스를 디자인하라는 것은 비록 눈에 보이지 않는 무형의 것이지만 제품을 포장하듯이 매끄럽고 일관성 있게 고객의 마음을 사로잡을 수 있는 절차를 갖추어 놓으라는 것이야?"

"일관성이라? 그거 연수받을 때 많이 듣던 말인데요."

"서비스에 일관성이 없으면 지속적인 고객관리가 힘들어지고 통일성을 기하기 힘들다는 것이지."

"그게 그렇게 중요한가요?"

"미스 왕이 미용실에 갈 때마다 서비스하는 방식이 다르고 담당 직원이 매번 바뀐다면 기분 좋겠어? 나를 제대로 아는 직원이 지속적으로 관리해 주는 것이 좋은 서비스의 법칙이거든."

"그럼 일관성을 유지하는 것이 절차란 말인가요?"

"빙고! 이제 미스 왕 어디에 내놔도 손색없는 서비스맨이야."

"당근이죠. 이 미모까지 움직여 주면 아마 모두 다 놀랄걸요?

"내 이야기는 말로만 그렇다는 거야."

"고참 선배, 또 물 먹이기에요?"

"내가 물 먹인 게 아니라, 당신이 물부터 먹었잖아. 요즘 것들은 무슨 칭찬을 못 해요."

"것이라뇨? 좀 심한 거 아닌가요?"

"미안해, 내가 잠시 그 미모에 빠져 허우적거렸나 봐."

"언젠가는 반드시 갚을 날이 올 것이니 오늘은 여기에 내가 참고 말죠!"

고참 씨와 왕초보 씨는 식사를 하고 회사로 출발했다. 오늘 선배의 가르침 중에 서비스를 디자인하라는 말에 새롭고 신선한 느낌을 받았던 왕초보는 점점 더 서비스를 공부하는 것에 매력을 느끼기 시작했다.

파워 유머 기법

여성 고객을 사로잡는 유머 인사법

- 정말 살 빠졌네요. 그 다이어트 비법을 저한테도 좀 알려 주세요.
- 이 나이에 주름살 하나 없군요. 뭐 특별하게 드시는 것 있으면 추천 좀 해주세요. 요즘 저는 하루가 다르게 주름이 잡혀가서 걱정돼요.
- 오늘 너무 멋져 보이네요. 혹시 새 애인이라도 생겼나요? 다음에 애인을 모시고 오세요. 제가 선물 하나 준비해 놓겠습니다.
- 이 구두가 이제야 애인을 만났나 보군요. 신어 보세요. 구두가 벌써 입을 벌리고 웃고 있잖아요.
- 이 가격이면 횡재한 겁니다. 다른 분에게는 절대 비밀로 해 주세요.
- 어머, 손님 미소가 백만 불이네요. 어디 가면 그런 미소를 살 수 있죠? 제발 저한테 반 가격에 파시지 않겠어요?

6. 고객이 죽으라면 죽을 건가요?

어느 사장이 고민에 빠졌다. 철저히 교육을 해도 직원들이 웃질 않는 것이다. 그래서 어느 날 컨설팅을 받기로 했다.

"어떻게 하면 직원들을 웃게 만들 수 있죠?"

한참 생각하던 컨설턴트는 다음과 같이 말했다.

"당신부터 웃으시오."

오늘은 왕고참의 제의로 두 사람은 회사에 머물면서 그동안 배운 내용을 정리하며 회사의 서비스 매뉴얼을 점검해 보기로 했다.

"미스 왕은 서비스 매뉴얼을 만들 때 어디에다 초점을 두어야 한다고 생각하나?"

"그야 당연히 규칙을 만드는 데 있지 않겠어요? 그래야 엊그제 배운 대로 일관성을 유지할 수 있죠."

"하지만 그보다 더 중요한 것이 있네."

"서비스 매뉴얼은 그 자체가 규칙인데 그보다 더 중요한 게 있다니요?"

"그래 당연히 의문이 갈 수밖에 없지. 지금 미스 왕의 생각은 회사 중심에서 말하는 것에 불과해. 고로 서비스란 고객중심이라야 되거든. 아무리 규칙이 뛰어나고 멋진 아이디어를 담고 있어도 고객중심이 되지 않으면 그것은 서비스 매뉴얼이 아니라 하나의 문서에 지나지 않을 뿐이야."

"그러면 고객이 죽으라면 죽을 건가요?"

"죽을 수는 없지. 그것은 바보짓이니까. 그러나 죽는 시늉까지는 해야 하는 것이 서비스맨의 직업이야. 고객을 위해서라면 무엇이든지 할 수 있다는 철학을 담아야 진정한 서비스 매뉴얼이라고 말할 수 있는 거야."

서비스 매뉴얼을 꼼꼼히 살펴보던 왕초보는 이대로만 하면 최고의 서비스가 될 수 있다는 자신감에 불탔다.

"그런데 이 매뉴얼은 누가 언제 만든 건가요?"

“바로 그게 중요한 점이야. 질문 수준으로 봐서 미스 왕은 왕초보가 아니라 서비스의 여왕쯤 되는걸.”

“선배님이 이제 제대로 저를 보는 거라고요.”

“알았어. 미스 왕에게는 무슨 칭찬을 못 해요. 마음속으로 받아들이고 즐기는 습관 좀 들여봐.”

“빨리 답변이나 해봐요. 뜸 들이지 말고.”

“그럼 미스 왕이 볼 때 이 매뉴얼을 누가 만든 거로 생각하나?”

“그야 당연히 서비스 박사이신 우리 존경하는 고참 선배님이 아니시겠어요?”

“그래 나를 존경하는 것은 좋은데, 그것만은 아니야. 어느 기업이든지 서비스 매뉴얼은 전 직원의 아이디어를 묶어서 만들어져야 해. 현장에서 느끼는 직원들의 의견에서부터 매니저, 최고층의 사장에 이르기까지 자기들이 보고 경험한 사실들과 분석한 자료들을 취합해서 토론을 거쳐 비로소 매뉴얼이 나오는 거라고. 어느 한 사람에 의하여 만들어지면 다양한 고객들의 욕구를 충족시키는 데 한계가 있다는 거야.”

“듣고 보니 그렇군요. 그럼 언제 만들었지요?”

“매년 만들어야지 무슨 뚱딴지 같은 소리야. 소비자들의 하루가 다르게 달라지고 있는데. 그리고 경쟁업체나 우수한 서비스 기업체를 분석하여 항상 고객에게 가까이 갈 수 있는 매뉴얼을 만드는 일이 서비스 업무 중에서 가장 중요한 것 중의 하나라고 볼 수 있지.”

“그럼 우리 회사는 고객에게 가까이 다가가기 위해서 무엇을 강조하고 있죠?”

“요즘은 제품의 수명이나 성능이 아무리 뛰어나도 관련 서비스가 뒤따르지 못하면 고객 만족을 이끌어 내지 못해. 제품의 품질관리 이상으로 서비스 품질관리에도 관심을 기울여야 한다고. 서비스는 눈에 보이지 않으며 만질 수 없는 무형의 성질을 갖고 있기 때문에 서비스의 질 향상을 위한 부단한 노력이 요구된다는 거야.”

"그럼 사장님이 평소에 그렇게 강조하시던 서비스 품질관리를 말하는 건가요?"

"그렇고말고. 우리 회사는 고객의 사전 기대수준을 파악하여 질 좋은 고품질 서비스 바이러스를 배양하여 이를 모든 고객에게 감염시켜 나가기 위한 내부지침이 마련되어 있어. 이것이 사장님의 서비스 철학이거든. 식중독균 한 마리가 네 시간이면 1000만 마리로 증식되어 식중독 사고를 일으키듯이 짧은 시간에 고객에게 전염될 수 있는 질 좋은 서비스 바이러스 감염경로를 만들어 나가야 한다는 것이거든."

"그럼 여기 있는 10가지를 말하는 것인가요?"

"그래 한번 읽어봐. 세계적으로 유명한 서비스 기업들이 채택하고 있는 서비스 품질관리 10가지 원칙이야."

미스 왕은 고참 씨가 잠시 자리를 비운 사이 서비스 품질관리 원칙 10가지를 꼼꼼히 읽어 나갔다.

- 종업원의 태도가 믿음직스러우며 예정된 시간에 서비스가 제대로 제공되고 있는가?
- 서비스가 신속하게 이루어지며 고객의 욕구를 제대로 파악하고 있는가?
- 서비스맨의 자질이 뛰어나고 업무지식이 탁월한가?
- 업장의 위치가 접근하기 쉬우며 서비스 시설물의 이용이 편리한가?
- 서비스맨의 외모가 청결하고 믿음이 가는가?
- 적절한 언어를 상황에 맞게 구사하며 호감을 불러일으키는가?
- 고객으로부터 평판이 훌륭한가?
- 고객의 비밀을 보장할 수 있는가?
- 고객의 존재를 귀하게 여기며 고객을 이해하기 위하여 노력하는가?
- 매장의 분위기가 호감을 주고 현대적이고 감각적인 분위기를 연출하는가?

"어때, 이 정도면 누구나 훌륭한 서비스 품질을 만들어 나갈 수 있지 않겠어?"

"글쎄요. 정말 우리 회사 매뉴얼은 치우침이 없이 완벽한 내용을 갖고 있군요."

"하지만 뭐니 뭐니 해도 기본을 충실히 하는 것 이상으로 중요한 것은 없어. 어떤 일이든 일을 처리해 나가는 데 있어 그것이 정치든 사업이든 운동이든 기본자세를 갖추는 것이 우선 되어야 하거든."

"아, 그거 참 많이 들어 본 소리네요. 기본에 충실하라는 말씀."

"바로 그거야. 유치원에 들어가면 밥을 꼭꼭 씹어 먹으라는 교육을 귀가 따갑도록 듣잖아. 그렇지? 이것은 나중에 상급 학교에 들어가서도 똑같이 듣는 얘기라고. 연초가 되면 건강 특집이 매스컴을 장식하는데 예외 없이 등장하는 것이 음식물을 꼭꼭 씹어 먹는 것이 건강 다지기의 기본이라는 것이지. 성인이 되어 병원을 찾았을 때도 의사는 꼭꼭 씹어 먹는 것을 예외 없이 강조하고 있어. 유치원에서도 귀가 따갑게 들어온 일을 왜 평생 들어야 하는가. 문제는 실천이 이루어지지 않는 데 있다는 거야. 누구나 알고는 있지만 실천하지 못해서 문제가 발생하는 것이라고 볼 수 있지. 서비스도 이와 같은 원리라고 보면 돼."

"그럼, 기본을 충실히 이행하라는 건가요?"

"바로 맞혔네. 서비스의 개념을 이해하지 못하는 데서 문제가 발생하는 것이 아니라 제대로 실천하지 못하는 사람이 있을 뿐이야. 서비스의 품질은 유치원에서 배운 인사 잘하기, 공경하기, 고운 말쓰기, 행실을 똑바로 하기 등 기본기를 충실히 하는 데서부터 나온다는 것 잊지 말라구."

"결국은 매뉴얼만 믿을 것이 아니라 기본에 충실하고 제대로 실천하는 것이 중요하다는 말씀 아닌가요?"

"빙고, 바로 실천이 문제라는 거지."

파워 유머 기법

"어떤 사람이 아침에 집을 나서며 거울 보고 웃는 걸 연습하다 기절했다고 합니다. 그 이유가 뭔지 아세요?"

"너무 예뻐서요."

"공주병 환자군요."

"너무 못생겨서요."

"자아비판 하지 마세요."

"그럼 이유가 뭔가요?"

"평소에 웃어 보질 않아서요."

평소에 웃지 않으면 제 얼굴도 잃어버린다고 하네요. 결국 얼굴을 달고 다닐 뿐 웃는 제 모습을 기억하지 못한다는 말이죠. 힘차게 웃어 보세요. 세상이 당신을 보고 웃을 거예요. 인생은 참 별거 아니잖아요. 내가 웃으면 덩달아 웃으니 말이에요.

7. 시체 취급당하기 싫으면 열정을 뿜으라고

매일 지각하는 신입사원에게 송 과장이 충고를 했다.

"이봐요, 미스 정. 왜 매일 이리 출근이 늦는 거야?"

"죄송해요. 오늘도 그 늦잠 때문에……."

"일찍 일어나는 새가 벌레 잡는다는 말도 못 들어 봤어?"

"요즘은 일찍 일어나는 새가 총 맞아 죽는데요."

고참 씨는 왕초보를 데리고 가맹점 점검을 나갔다. 우선 하루 매출액이 제일 높은 역삼점을 방문하기로 했다. 역삼점은 창업점포로서 사장이 가장 애착을 가진 점포이기도 하다. 점포에 들어서자마자 벽면에 큰 글씨체가 왕초보의 시선을 잡았다.

"열정적인 서비스 바이러스를 개발하라. 끊임없이 고객을 감염시키기 위해 노력하라."

"인상적인 문구군요. 열정이라는 말을 듣기만 해도 힘이 솟는 것 같아요. 고 선배님도 그렇게 느끼지 않나요?"

"야, 이 뚱딴지 같은 초보야. 네가 우리 회사에 들어온 것만으로도 열정적이라는 것이 증명된 거야. 3개월 근무하면서도 아직 모르나? 우리 사장님은 아무리 일류대를 나와도 열정이 없으면 절대 채용하지 않는다는 것을."

"그래요? 내가 열정적인 것은 알지만 설마 거기까지는 미처 생각을 못 했네요."

"저 문구도 직접 사장님이 지어서 붙여 놓은 거야."

"그야말로 열정이 없으면 시체라는 거군요?"

"그래, 시체 취급당하기 싫으면 열정을 뿜으라고!"

"이 열정을 받아 줄 사람이 있어야 먹든가, 토하든가 하죠. 주변에 좋은 후배들 있으면 소개해 주세요."

"이 철없는 왕초보야. 누가 그런 열정이랬어. 고객을 사랑하는 열정 말하는 거야. 독감 바이러스가 소리 없이 사람을 감염시키듯이 열정적인 서비스로 고객을 감염시켜 나가라는 것이 사장님의 경영철학이야."

"그럼, 선배는 얼마나 열정적인지 말 좀 해 보시지요. 우선 고참으로서 서비스맨의 열정에 대하여 열변을 토해 보시라고요!"

"그래, 우리 회사에서 '열정' 하면 이 고참이가 아니던가. 이 몸이 바로 입사 2년 만에 열정 하나로 인정받아 해외출장까지 다녀온 귀하신 몸이라는 것쯤은 이미 알고 있겠지?"

"알았으니 좀 그만하고 뭔가 좀 일단 토해 보라니까요?"

"자 그럼, 사랑하는 후배 왕초보를 위해 열정 들어갑니다. 인생의 성패를 좌우하는 것은 머리가 아니라 열정이라는 말이 있어. 인류 역사 발전에 큰 공헌을 한 사람은 학력이 높다거나 지식이 많은 사람들이 아니라 인생을 열정적으로 살아온 사람들이라는 것은 이미 상식이야. 에디슨이 2천 번의 실패와 난관을 극복하고 전구를 개발해 냈다는 것쯤은 알고 있지? 에디슨은 보통 사람들이 할 수 없는 일을 오직 열정적인 내부로부터의 에너지로 0.5% 성공률을 이루어 낸 것이야."

"에디슨 이야기하니까, 아버지가 생각나네요. 어려서부터 에디슨 이야기를 수도 없이 듣고 살았다니까요. 지겨울 정도였는데, 이제 더 큰 강적을 만난 느낌인걸요?"

"그렇다면 이제 에디슨과 같은 열정으로 서비스 왕이 되어 보라고. 나도 이제 제대로 된 후배를 만난 느낌이야. 그런 면에서 우린 궁합이 참 잘 맞지?"

"궁합이라뇨? 난데없이…. 무슨 궁합을 말하는 거예요. 선배."

"뭘 그런 일 가지고 소리치고 난리야. 서비스 궁합이 찰떡이라니까."

"응큼 떨지 말고 뭐 좀 마시면서 이야기하죠?"

"그래 좋아. 막 갈증이 나려던 참이었어."

목을 축인 고참 씨는 자신의 끼를 발휘라도 하듯이 열정에 관하여 똥물까지 토하기 시작했다.

"열정적인 마음가짐이 중요한 것은 머리의 좋고 나쁨이 아니라 열정적으로 살아가는 태도가 더욱 중요하다는 거야. 열정이 식으면 결국 머리도 식는다는 말 들어 봤지? 특히 서비스업은 사람을 상대로 하는 업무이기 때문에 열정적인 호감을 선보이지 않고서는 고객을 내 편으로 만들 수는 없는 것이거든. 한국인 경영자들이 가장 존경하는 잭 웰치 전 회장은 직원들에게 'A등급 직원의 자질은 무엇인가?'라고 묻고 그것은 항상 열정이라고 강조했다는 거야. 잭 웰치가 세계적인 경영자로 성공한 것도 바로 그의 개인적인 열정에 있다고 전문가들은 분석하고 있거든."

"그 유명한 제너럴 일렉트릭사의 회장을 지냈던 대머리말인가요? 저도 그분을 만나본 적이 있어요."

"아니 왕초보가 감히 잭 웰치를 만났다니 그게 사실이야?"

"저는 사실이 아니면 고백하지 않는 사람이라는 것쯤은 알아두시는 게 좋아요."

"그래 언제 그분을 만났다는 거야?"

"정말 선배야말로 뚱딴지군요. 서점에 가 봐요. 잭 웰치 관련 서적이 30여 권은 나와 있다구요."

난생처음으로 왕초보에게 한 방 맞은 고참 씨, 하기야 그도 알고 있는 그 사람에 관한 지식은 책을 읽어서가 아니라 인터넷을 통해서 얻은 지식에 불과하니까.

"다시 한번 말하지만 훌륭한 서비스를 연출하는 사람은 머리 좋은 직원이 아니라고. 고객의 지갑을 여는 진실한 서비스는 지식이나 머리로 하는 것이 아니거든. 학력이 높다고 서비스맨십이 뛰어난 것은 아니잖아. 오히려 지식이 풍만할수록 서비스 정신이 뒤떨어져 있는 경우를 얼마나 자주 보는가. 우리 회사에는 그런 직원은 이미 내보냈다구. 사장님의 인사 방침은 머리 좋은 사람보다는 열정적으로 일하는 사람을 존중하라는 경영마인드를 갖고 계셔."

"그럼, 나처럼 머리도 좋고 게다가 얼굴까지 받쳐 주는 열정적인 서비스맨은 승진 1순위감으로는 따 놓은 거나 다름없군요?"

"그래 1순위는 1순위지, 왕초보 아가씨야! 미인박명이라는 말은 들어 봤겠지?”

“그럼 나보고 빨리 죽으란 말인가요, 참으로 속을 알 수 없는 분이군요. 아니 최고참 서비스맨이 어찌 그런 험악한 말을 할 수 있죠?”

“그런 말이 욕처럼 들리면, 이제부터는 자기 자랑에 빠지지 말라고.”

“이제 그만 일어나요. 송파점도 가야 한다면서요?”

“그래, 그럼 오늘 주제를 정리하고 가자구. 다시 말하지만, 서비스는 태도, 습관을 의미한다고 사장님은 늘 강조하셔. 열정적인 태도야말로 살아 있는 서비스라는 것이지. 서양 속담에 열정 속에서는 지저분한 먼지도 태양처럼 빛난다고 하지? 어느 조직이든 열정적으로 불태우는 사람만이 리더가 될 수 있다는 걸 명심했으면 좋겠어. 미스 왕, 이거 다 우리 사랑하는 왕초보 후배를 위해 하는 말이야. 명심하라구.”

파워 유머 기법

웃음 바이러스를 퍼트리는 기법
첫째 나부터 웃자.
둘째 웃음을 나누자.
셋째 웃는 사람을 존경하자.
우리는 빈손으로 왔다 빈손으로 가죠. 그런데 그 안에 무엇이 있나요. 그렇죠. 바로 웃음이 있어요. 한바탕 크게 웃어 보세요. 우리는 울음으로 왔다 울음으로 가죠. 그런데 그 안에 무엇이 있나요. 그렇죠. 바로 웃음이 있어요. 한바탕 웃음에 취해 보세요. 웃음이 해결사라는 말이 있어요. 오늘 만나는 사람이 부담스러운가요. 일이 잘 안 풀리나요. 싫증인 나고 의욕이 없나요. 그럼 한번 웃어 보세요. 크고 신나는 모습으로. 그것만으로도 이미 문제는 해결된 거네요.

8. 쓰레기를 부으니까 쓰레기가 나오지

"타고난 운명은 어쩔 수 없어요."

"그러면 이 얼굴로 그냥 살라는 법인가요?"

"그러나……."

"그러나?"

"표정은 바꿀 수 있다!"

고참 씨와 왕초보는 퇴근 후에 서비스를 사랑하는 사람들의 모임인 "서사모" 행사에 갔다. 이름조차 생소하고 처음 가는 몸인지라 왕초보는 나름대로 그동안 고참 씨에게 배운 지식을 뽐내고 싶어 안달이다.

"고 선배, 세상에 이러한 모임이 있어요? 언제부터 이 모임에 참가하게 되었죠?"

"무슨 말이야. 언제부터라니. 이래 봐도 내가 이 모임의 창립멤버라고. 왕초보야, 나는 한국에서는 웬만한 서비스 강사들은 다 알아주는 몸이야. 조용히 강의나 듣고 인맥이나 넓히러 가란 말이야. 번데기 앞에서 주름잡다 망신살 당하지 말고."

전국에서 가장 인기 있는 서비스 강사 한 분이 초청 강사로 초빙되었다. 그는 강단에 서자마자 열변을 토하기 시작했다.

"서비스는 눈에 보이지 않습니다. 그러기에 그것을 전달하는 사람의 눈빛, 언어, 행동, 옷차림, 걸음걸이 등 서비스맨의 생활 자체가 서비스 상품입니다. 종업원의 질이 곧 서비스의 질을 결정한다는 말입니다. 종업원은 매사에 예의 바르고 뛰어난 서비스맨이라는 자부심과 함께 자질을 갖추어 나가는 것이 중요합니다."

그는 계속하여 서비스맨의 평소 생활철학이 중요함을 강조한다.

"고객이라는 대중을 만나는 것이 아니라 천차만별의 개성과 각기 다른 감정을 가진 개개인을 만나는 것이 서비스맨입니다.

서비스맨은 직업에 대한 긍지, 자신이 하는 업무에 대한 자신감, 고객을 대하는 기쁨, 최고의 서비스맨이라는 자부심, 최첨단 서비스 문화의 개척자라는 자부심을 갖지 못하면 이 분야에서 살아나기 힘든 직업입니다. 이 같은 직업관은 하루아침에 이루어는 것은 아니며 오랜 시간을 두고 습관화될 때 이루어지는 것이라는 사실을 이 분야에서 일하면서 10여 년이 지난 지금에서야 새삼 깨닫게 됩니다."

10여 분간 강의를 듣던 왕초보 씨 이제 좀이 쑤시기 시작하는지 자꾸만 고참 씨에게 말을 걸기 시작한다.

"어쩜 저렇게 선배님과 똑같은 말을 하죠? 혹시 두 사람 친구 아닌가요?"

"두고 보라고, 왕초보도 몸에 배면 똑같은 말을 하게 될 테니까"

강의가 지루했던 두 사람 핑계 삼아 밖으로 나와 커피를 마시며 이야기를 계속했다.

"지금 강사가 말한 대로 습관은 신비적인 힘을 낳는 거야. 성공하는 사람은 그냥 저절로 이루어지는 것이 아니라 성공하기 위한 평소의 노력한 습관의 결과라고 볼 수 있지?"

"그래요 너무나 자주 들어서 이제 귓가에 들어왔는지도 아는군요."

"왕초보는 나보다 컴퓨터 도사니까 잘 알겠구먼. 컴퓨터 용어 중에 'Gabage in, Gabage out'이라는 용어 알지?"

"도사가 그걸 모르면 선무당이죠. 쓰레기를 입력하면 쓰레기를 낳는다는 말이잖아요."

"맞아, 그와 마찬가지로 우리 마음속에 성공적인 습관을 길들이면 성공적인 결과를 낳고 실패할 만한 생각과 습관을 길들이면 실패하고 만다(Success in, Success out. Failure in, Failure out)는 거야."

"그럼 우리의 마음도 컴퓨터처럼 어떤 프로그램을 입력하느냐에 따라서 그 결과가 나타나게 된다는 말이군요?"

"맞아, 바로 그거라고. 특히 서비스란 단순히 이론이나 지식으로 되는 것이 아니라 고객 중심으로 생각하고 행동할 수 있는 좋은 습관을 길들이는 것이 바람직하다는 거야."

"자 이제 들어가죠. 강사 혼자 떠들겠어요."

다시 강의실에 들어서자 강사는 습관의 중요성이 서비스 천재를 만드는 일에 얼마나 중요한지 열변을 토하기 시작했다.

"성공한 사람들이나 기업은 무엇인가를 추구하기 위한 꾸준한 이상을 갖고 그것을 습관화시킨 습관의 산물이라고 볼 수 있습니다. 좋은 습관이 훌륭한 서비스를 만드는 것입니다. 서비스 천재는 작은 습관을 길들이는 데서 시작한다는 사실을 꼭 기억해 주시기 바랍니다. 작은 일일지라도 지금부터 습관적으로 실천해 나갈 수 있는 자세가 중요한 것입니다. 그것이 서비스 천재가 되는 길입니다."

두 사람은 강의가 끝난 후 인근 식당으로 옮겨 간단히 파스타를 주문해 놓고 있었다.

"왕초보야, 오늘 전문가들 강의를 들어보니 어때?"

"너무 열정적이고 몸에 밴 흔적이 흘러나오더군요."

"걱정하지 마, 나만 따라다니면 왕초보도 곧 서비스 천재가 될 테니까"

"습관을 생활화하는 것이 그 강사 말대로 중요한지는 사실 몰랐어요."

"이러한 습관은 개인 차원에서뿐 아니라 조직차원에서 이루어져야 전 직원이 고객 중심의 서비스 마인드를 가질 수 있어. 미국의 유명한 노드스트롬 백화점의 서비스 전략도 생활 속에서 서비스를 실천하라는 거야. 진정한 서비스는 이론만으로는 부족하며 이를 습관화하고 생활화하여 제때에 잘 실천할 수 있는 상식적인 전략이 요구된다는 것이 세계 유명 서비스 기업들의 노하우라고."

두 사람은 파스타에 생맥주 한 병을 나누어 마시고 식당을 나왔다.

파워 유머 기법

"엄마 왜 그래. 어디 아파?"

"괜찮아. 뱃속에 아이가 발길질을 하는구나."

"그럼 혼내줘야지. 벌써부터 발길질하면 나중에는 무슨 짓 할 줄 알아."

"그래도 귀엽잖니."

"그럼 여기 장난감 먹어봐!"

아마 동생이 버릇없다고 걱정 꽤 하는 것 같군요. 하긴 그게 나쁜 짓이라면 고쳐야죠. 요즘은 뱃속의 버릇이 죽을 때까지 간다고 하잖아요. 이처럼 습관은 무서운가 봐요. 아리스토텔레스는 인간은 습관의 산물이라고 했대요. 훌륭한 서비스도 결국 고객을 존중하고 미소짓는 습관에서부터 시작된다면 지금 당장 표정부터 바꿔 보시지 않겠어요?

9. 웃음이 화장이래요

고객 상담 중에 한 여직원이 실수로 방귀를 뀌었다. 순간 분위기는 살얼음판처럼 어색해졌다.

이때 한 고객이 입을 열었다.

"참, 이쁘구려!"

왕초보는 입사 3개월째를 넘어서고 있다. 그동안 고참 선배를 따라다니면서 눈이 열리고 이제는 서비스에 대한 마음가짐을 바꾸어 나가야겠다고 다짐한다. 그런데 그가 한 가지 궁금한 것은 왜 서비스가 그토록 중요한데 우리 자신은 서비스가 부족한가 하는 점이다.

왕초보는 고참 선배가 출근하자마자 따지듯이 묻기 시작했다.

"왜 그렇게 서비스가 중요한 거예요? 상품이나 좋으면 되지. 서비스가 밥 먹여 주나?"

"바로 그거야. 서비스가 밥 먹여 주니까 이토록 너를 붙들고 교육하는 것 아니냐! 내가 밥 먹고 사는 것도 따지고 보면 서비스에 뛰어나기 때문이지."

"그럴 만한 이유라도 있으면 한번 대보세요!"

"요즘 사람들은 하드웨어 사회에서 소프트웨어 사회로 발전하면서 고객의 욕구 또한 물질 중심의 사고에서 심리적 가치에 비중을 두게 됐다는 거야. 산업사회에서처럼 제조업과 서비스업으로 보는 것이 아니라 이제는 모든 업이 서비스업이 되어 버려서."

"모든 업이 서비스업이라뇨? 그럼 학교도 서비스고 동사무소도 서비스업이라는 건가요?"

"정확한 질문이야. 바로 그것들이 이제는 서비스업이라는 것이지. 모든 조직은 고객이 있으며 고객은 단순히 판매대상이 아니라 만족시켜야 할 대상으로 봐야 한다는 거야. 따라서 무엇을 하든 모든 조직이 서비스업이지."

"한 사람이 하는 구멍가게도 말인가요?"

"물론이지. 1인 기업인 구멍가게에서부터 학교, 관공서, 정부, 자동차 공장 등 모든 조직이 서비스조직이라고 보면 돼."

"말은 쉽지만 이해하기 쉽게 말 좀 해봐요"

"그들 각 조직에는 나름대로 고객이 존재하며 고객과의 유기적인 관계와 거래를 통하여 지속하기 때문이지. 고객이 없는 사람은 없어. 이 말은 내가 무슨 일을 하든 누군가와의 교류를 통하여 일하고 돈을 벌고 미래를 가꾸어 나간다는 말이지."

"사회생활을 하는 한 그것이 서비스업이든 공장에서 쇳덩이를 두들기든 누군가를 만족시켜야 하는 일이고 보면 모두가 서비스업이라고 보면 되겠군요?"

"그래, 바로 그거야. 이제 좀 잠이 깨나 보는군."

"아니 지금이 몇 시인데 꿈 같은 말을 하세요?"

"해가 떴다고 하루가 시작되는 게 아니잖아. 이제야 왕초보님의 머리가 열리기 시작한 거라고."

"빨리 이야기를 마무리 짓죠. 기안 작성할 게 있거든요."

"그래, 문제는 조직의 사명과 업무의 특성, 고객의 속성이 다를 뿐 고객만족 실현에는 이의가 있을 수 없다는 점이지. 고객이 없는 사람은 아무도 없으며 그 고객을 만족시킬 때 나의 성공과 행복은 저절로 메아리 되어 온다는 거야. 공무원 교육원에서 주차요원을 대상으로 친절 서비스 교육할 때 겪은 이야기를 들려줄까?"

"공무원 교육원에도 강의를 나가세요? 와 우리 고참 선배님 마당발이군요?"

"알았다면 알아서 모시라고. 교육생 중에는 대다수가 직업상 친절 서비스는 필요 없다고 보더라구. 현장에서 주차위반 카드를 발급하면 순수히 응하는 사람보다는, 반말하고 욕하는 사람들이 대다수라는 거야."

"그들에게 친절 서비스로 대한다는 것은 불가능하다는 말이군요?"

"그렇지, 그들은 억지로 끌려 나와 서비스 교육을 받는 것 자체를 시간 낭비라고 생각하고 있더라고. 직업상 나의 업무에는 서비스가 필요 없다고 말할 수 있는 사람은 아무도 없다는 점이야."

"예를 들어 주시겠어요?"

"그래, 동사무소 직원이 제아무리 전문지식이 많고, 업무처리가 뛰어나다고 해도 민원인에 대한 배려가 뒤떨어지면, 그 업무는 0점이 되는 거야. 과거처럼 관공서 문턱이 그들의 권위를 지켜주던 시대는 지났거든. 동사무소도 주민을 위한 서비스 기관이고 그들 또한 서비스맨이기 때문이지. 동사무소나 파출소 직원이 나에게 월급을 주는 사람이 누구인가를 깨닫는다면, 옛날과 같은 권위 의식은 금방 무너지고 말 것이야."

"오늘 자신이 만나고 있는 민원인이 나에게 월급을 주는 사람이라고 깨닫는다면 말이죠?"

"빙고, 이제 왕초보가 강의해도 되겠어? 제법 단수가 높아가고 있어. 이러다 내 밥줄 끊어지겠는걸."

"왜, 벌써부터 경쟁의식이라도 느끼나요?"

"앞서가지 말라고 말했지. 말이 그렇다는 거야."

"빨리 마무리를 지어봐요."

"그래, 결국은 제조업마저도 서비스 개념이 없으면 기업의 이미지에 나쁜 영향을 미쳐 제품에 대한 신뢰성마저 무너지고 만다는 점을 명심해야 해. 모든 업이 서비스업이니까. 서비스의 향상 없이 제품의 질이나 업무의 능률을 향상시키는 일은 불가능하기 때문이지."

파워 유머 기법

미소는 어떠한 효과가 있을까요?

- 웃는 사람에게는 적이 없대요.
- 웃는 사람이 물건을 많이 팔 가능성이 10배는 있대요.
- 웃으면 대인관계가 부드러워져요.
- 웃음은 고객을 몰고 온대요.
- 웃음은 최고의 화장이래요.
- 웃음은 벽을 무너뜨린대요.
- 웃음은 갈등을 쉽게 해결해 나간대요.

무엇보다도 웃음은 건강을 선물하죠. 그래서 웃음은 신이 준 선물이라고 해요. 아리스토텔레스는 인간만이 웃는 동물이라고 말했대요. 그만큼 웃음은 놀라운 힘을 준다고 하네요. 현대의학으로는 고치지 못하는 불치병도 웃음으로 치료된 경우가 많아요. 한번 웃어 보세요. 그럼 생체리듬부터 달라질 거예요.

10. 얼굴만 예쁘면 뭘 해

"미소가 없는 사람은 가게 문을 열지 말라는 중국 속담이 있습니다. 그러니 내일부터 표정관리 잘 하세요" 사장의 훈시가 끝나자 한 직원이 물었다.

"그럼 뭐하러 집 밖에 나오나요. 집 안에 틀어박혀 있으면 되지."

오늘은 왕초보가 국내 최고의 서비스 교육기관인 서비스 아카데미에 입소하여 연수를 받는 날이다. 물론 고참 씨가 동행하는 것은 당연한 일이다.

"아니 이런 데까지 같이 가야 해요? 오늘은 마음 푹 놓고 쉬면서 다녀오려고 했는데."

"쉬다니 무슨 말이야. 태평한 소리 그만하고 빨리 서비스 9단에 도전하라고. 우리 회사의 금년 목표는 미스 왕 같은 인재를 훈련시켜서 서비스 달인을 만드는 일이야!"

"서비스 9단이라! 참 재미있네요."

그들이 서비스 교육장에 들어서자 입구 정면에 "서비스는 마음속에 가지고 있는 지식이 아니라 표현하고 전달하는 것이다"라는 문구가 들어왔다.

"고 선배님, 저 문구는 아는 것과 전달하는 것은 별개의 것이라는 뜻이겠죠?"

"빙고, 서비스는 지식이나 이론으로 되는 것이 아니라 표현의 기술이라는 거야."

"이쯤 되면 나도 이제는 서비스 7단 정도는 되지 않겠어요?"

"뭐야 7단이라고. 김칫국부터 마셔대지 말고 이리와 앉기나 해."

"선배님은 뭐 그리 잘 났다고 호통이세요. 어디 김칫국이라도 사줘 봤나요?"

"그럼 지난번 이탈리아 식당에서 먹은 건 구정물이냐?"

"그렇고 말고요. 알고 보니 회삿돈 써대면서 마치 인심 꽤나 쓰는 것처럼……."

두 사람이 언쟁을 펴는 사이 서비스 아카데미 강사가 연단에 올라왔다. 언뜻 보기에 오늘 교육생들은 전부 기업체에서 서비스 교육을 담당하는 직원들 같았다.

"자 여러분, 이 강단에 들어오면서 벽에 붙어 있는 문구 보셨나요?"

"네."

"그럼 뭐라고 쓰여 있는지 다시 한번 읽어보실까요?"

"서비스는 마음속에 가지고 있는 지식이 아니라 표현하고 전달하는 것이다."

"바로 그겁니다. 오늘 강의 주제는 서비스는 표현의 예술이라는 겁니다. 서비스는 한 직원의 표현이며 결국 기업의 이미지를 전달하는 거죠. 피터 드러커 박사는 인간에게 있어 가장 중요한 능력은 자기표현이며 현대의 경영이나 관리는 커뮤니케이션에 의해서 좌우된다고 커뮤니케이션의 중요성을 강조하였습니다. 물론 커뮤니케이션은 메시지도 중요하지만, 전달방법이 중요하다는 겁니다. 어떤 방법을 선택하느냐에 따라 메시지의 효과가 달라질 수 있기 때문이지요. 그럼 여러분에게 나누어 드린 자료를 보면서 설명 드리겠습니다."

본격적인 강의가 시작되면서 예비 서비스 9단인 미스 왕의 눈빛이 빛나 보였다.

"자, 우선 서비스 커뮤니케이션 표현방법은 다음과 같이 네 가지 부류로 나누어 볼 수 있습니다….

첫째는 음성전달 방법이죠.

이는 목소리의 크고 작음, 강하고 부드러움, 빠르고 느림에 따라 메시지의 효과가 달라질 수 있다는 것을 말합니다.

음성전달 방법의 효과를 극대화하기 위해서는 평소의 자신의 목소리를 녹음하여 들어보는 방법이 좋습니다. 책이나 신문을 소리 내 읽으면서 스스로 테스트해 나간다면 반드시 좋은 결과를 얻을 수 있다고 확신합니다. 평소 자신의 목소리가 어떻게 전달되는지 제3자의 입장에서 분석하는 방법도 호감을 얻는 대화 기법을 터득하는 길이라고 봅니다.

둘째는 언어적 전달방법입니다.

이는 단어의 선택, 표현방법, 언어 구사능력 등 말로 메시지를 전달하는 방법을 말합니다.

이 강의를 듣는 대다수의 학생은 서비스를 교육하는 사내 강사들이 많기 때문에 그 어느 누구보다도 스피치 능력이 중요합니다. 서비스의 생명은 곧 스피치를 통해서 죽을 수 있고 또 그 효과를 달리할 수 있기 때문이죠. 내가 자신 있게 여러분에게 권하는 방법은 신문광고를 소리 내 읽으라는 것입니다. 신문광고 문구는 어떤 문장보다도 설득력이 있으며 바쁜 현대인을 움직일 수 있는 심리적인 호소력이 깃들어 있기 때문입니다. 단문이면서 사람을 움직일 수 있게 만드는 힘은 분명 언어의 또 다른 마력이 아닐까요?"

20여 분간의 강의가 진행되면서 왕초보는 좀이 쑤시기 시작했다.

"아니 말은 누구는 못하느냐고, 혹시 저 강사분은 현장에서 일해본 경험이 있는 분인가요?"

"그걸 알아서 뭣하게, 믿고 내 것으로 만들면 돼. 잠자코 다른 사람에게 방해가 되지 않게 듣기나 하자고."

"셋째는 비언어적 전달방법입니다.

이는 몸짓, 손짓, 미소, 태도 등 소위 보디랭귀지(Body language)에 의한 의사전달 방법이죠. 대화는 입으로 하는 것이 아니라는 말을 들어 보셨나요? 입과 눈빛과 온몸의 율동이 조화를 이룰 때 좋은 대화를 기대할 수 있습니다. 입으로만 떠드는 대화는 식상감을 주기 쉬우며 자칫 신뢰감마저 잃을 수 있음에 유의해야 합니다. 청산유수처럼 말을 하지만 듣고 나면 무슨 말인지 이해할 수 없는 경우를 우리는 얼마나 자주 체험하고 있습니까?

마지막으로 넷째는 시각적인 요소에 의한 전달방법입니다.

이는 점포 내의 그림, 분위기, 인테리어 요소 등 물리적 시설물에 의한 메시지 전달방법을 말합니다. 서비스 매장은 그 자체가 커뮤니케이션 요소가 되어야 합니다. 따라서 고객에게 어필할 수 있는 시각적인 시설을 갖추어 나가는 것이 바람직하다고 볼 수 있습니다."

서비스 강의가 모두 끝나고 질의응답 시간이다. 참석자들은 저마다 질문을 주고받으며 현장에서의 어려움을 호소했다. 고참 씨의 지시로 왕초보도 질문했다.

"오늘 강의를 통하여 의사를 적절히 표현하는 것이 고객 만족에 얼마나 중요한지를 깨달았습니다. 그런데 궁금한 점은 어떻게 그 모든 것을 조화롭게 믹스해서 고객에게 전달하느냐 하는 점입니다."

"그게 바로 서비스 9단이 도전해야 할 일입니다. 하루아침에 이루어지는 것은 물론 아니죠. 하지만 고객 중심의 마음가짐으로 근무한다면 경험이 쌓일수록 반드시 그 경지에 이르게 될 것입니다."

"그럼 강사님께서는 서비스 9단과 초보의 차이는 무엇이라고 봅니까?"

"참 어려운 질문입니다. 이럴 때 쓰는 표현이 있죠. 질문 수준이 9단이라고."

잠시 왕초보는 고개를 묻고 낄낄대며 웃었다.

"제 경험으로 볼 때는 고객 중심으로 마음이 얼마나 열려있느냐에 있다고 봅니다. 마음이 열리면 머리도 열리고 행동도 자연스러워질 테니까요."

두 사람은 강의를 듣고 나서 인근 식당으로 자리를 옮겼다.

"아까 말이야, 미스 왕의 질문은 정말 9단 수준이었어."

"이런 이야기 있죠? 질문이 곧 답이다!"

"이제는 나를 가르치려 드는군. 아무튼 오늘 강의는 그런대로 유익했던 것 같지? 문제는 아는 것이 아니라 어떻게 전달하느냐, 즉 표현의 문제라고."

고참 씨와 왕초보는 식사를 마치고 오후 강의를 준비했다.

파워 유머 기법

"미소를 한마디로 정의한다면?"

"웃는 낯짝?"

"그건 서비스맨의 자세가 아니죠."

"..........?"

"미소는 최고의 유니폼이죠."

미소가 최고의 유미폼이라는 말이 있죠. 아무리 화려한 의상을 입고 멋진 폼을 내도 웃지 않으면 그 의상은 그저 천 조각에 불과하겠죠? 또 아무리 말을 잘 하고 지식이 많으면 무슨 소용이 있나요. 그러니 한번 크게 웃어보세요. 그게 당신의 능력이니까요.

11. 고객의 지식을 이용해봐

식사를 마친 두 사람은 다시 오후 강의를 듣기 위해 강당으로 돌아왔다. 오후의 주제는 '서비스 신지식인이 되어라'는 내용으로 서비스 분야에서는 국내 최초로 신지식인으로 선정된 강감동 씨다. 그는 현재 전국 주요 기업체를 순회하며 신지식인 서비스를 전파하는 데 눈코 뜰 새 없이 바쁜 잘나가는 인기강사 중의 한 사람이다.

"고 선배도 신지식인으로 선정되어야 하는 거 아녜요?"

"나는 그런데 관심이 없단 말이야."

"그럼 무엇에 관심이 있기에 이토록 서비스에 대하여 남다른 열정을 갖는 거예요?"

"그래 바로 그거야. 지금 나의 관심은 왕초보인 당신을 서비스 9단의 경지에 오르게 만드는 거야."

"눈물겹게 고맙군요. 이 은덕에 어찌 보답하리오."

"미스 왕이 나한테 보답하는 길은 딱 한 가지야."

"서비스 9단이 되어라, 이 말씀이신가요?"

어느덧 오후 1시가 되어 강감동 강사가 연단에 올라왔다. 신지식인답게 주장이 강하고 논리적인 솜씨로 분위기를 이끌어 나갔다.

"우선 신지식인의 정의부터 내려보겠습니다. 신지식인은 학력이 높다거나 자격증이나 학위를 소지하고 있는 사람을 말하지 않습니다. 학력이 낮고 어려운 환경에 처해있다 해도 자기 분야에서 혁신적이고 창의적으로 일을 추진해나가는 사람을 의미합니다."

"그러고 보면 주위에 신지식은 많은 거 아닙니까?"

갑자기 수강생 중에 한 사람이 불쑥 질문했다.

"맞습니다. 그러나 모두를 신지식인이라고 말할 수는 없죠. 그렇게 되면 저 같은 사람이 설 자리가 줄어드니까요."

김감동 강사의 노련한 말솜씨에 한바탕 웃음이 터져 나왔다.

"경영환경이 점차 세계화되고 고객의 욕구 또한 다양화되고 있어 차별화의 수단이 더욱 절실해지고 있습니다. 따라서 오늘날과 같은 지식경영환경에서는 신지식의 마인드(Mind), 습관(Habits), 스킬(Skill)이 절대적으로 중요하다고 볼 수 있습니다. 지식경영의 대가인 일본의 노나가 교수는 지식을 크게 두 가지 유형으로 분류하고 있죠. 자신만이 마음속에 갖고 있는 침묵지와 자신의 지식과 경험을 조직 내 구성원과 공유하고 일의 성과를 높여나가는 방법지가 그것입니다. 지식은 공유할수록 조직은 번성한다는 것입니다. 자신의 독특한 서비스 기법이나 경험을 동료와 공유할 때 고객만족시스템이 가능하게 된다는 것이지요."

"그래서 선배님이 갖고 있는 지식을 전부 나한테 털어놓는 거군요. 이제 보니 우리 회사야말로 신지식인을 양성하는 시스템을 운영하고 있는 거네요."

"금방 강사님이 말한 대로 지식은 나눌수록 커지고 부가가치는 증대한다는 말이야. 잘 들어보자구."

"또한 서비스 신지식인은 고객의 지식을 활용할 줄 알아야 합니다. 고객의 지식을 활용하기 위해서는 무엇보다도 고객의 소리에 귀 기울일 줄 알아야 합니다."

"고객의 소리에 귀 기울여라. 이것은 처음 듣는 얘기인데요?"

"고객의 만족/불만족을 파악하여 이를 서비스 정책에 활용하라는 말이야. 일종의 피드백을 자주 받으라는 거야."

"아, 그렇군요. 우리 회사도 그런 제도가 있나요? 매장에 비치되어 있는 고객 카드가 되겠군요!"

"그것도 일종 고객의 소리를 듣는 방법 중 하나라고 볼 수 있지."

"그럼 신지식 고객 서비스란 고객의 소리에 귀 기울이는 것을 의미합니까?"

왕초보가 당차게 질문했다.

"꼭 그렇지만은 않아요. 고객의 소리를 듣는 것은 고객의 지식을 받아들이고 이를 통하여 더 좋은 서비스를 개발하자는 하나의 방법일 뿐입니다. 다만 진정한 고객 만족 서비스는 고객의 불만을 귀담아 들을 수 있는 신지식인 자세에서부터 나오는 것이라고 말할 수 있겠죠."

어느덧 오후 강의도 끝나고 각자 집으로 향하기 시작했다. 오늘 교육은 경험이 풍부한 선배들의 강의인지라 생동감 있고 현실적인 내용이 많았다고 왕초보는 생각하며 오직 그녀의 마음속에는 서비스 9단 도전이라는 비전만이 남아 있었다.

파워 유머 기법

"텔레비전 좀 그만 보고 책을 보렴."

"이것만 보고요."

"말을 잘하는 사람들은 전부 책을 많이 읽은 사람들이야. 저 아나운서들도 마찬가지고."

"그럼, 텔레비전을 보는 게 말 잘하는 데는 빠르지 않을까요?"

고객의 심리를 파악하고 매출액을 높여나가기 위해서는 그 분야의 책을 많이 읽는 것보다 중요한 것은 없죠. 세일즈는 사람을 다루는 기술이잖아요. 현장 경험을 살리면서 그 분야의 책을 정기적으로 읽어 나가면 그것이 최고의 경지에 이르는 길이니까요. 세일즈 분야에서 혹은 매장 관리 책임자로서 그 분야의 최고가 되고 싶지 않으세요? 돈과 명예와 미래에 대한 즐거움으로 가득 찰 이 기회는 바로 당신이 읽고 있는 책 속에서 찾을 수 있을 거예요.

1

★ 제1장을 읽고 서비스 지식을 스스로 토의해 봅시다.

1. 서비스사회가 급성장하는 요인을 설명하고 현대사회에서 웃음과 재미, 유머의 중요성을 토의해 봅시다.

2. 웃음 바이러스의 특성과 조직 내 감염경로에 대하여 토의해 봅시다.

3. 고품질 서비스 기법을 개발해 나가기 위한 좋은 습관에는 어떠한 것들이 있는지 생각해 봅시다.

4. 글로벌 시대의 서비스맨의 자세에 대하여 토의해 봅시다.

5. 신지식인의 개념과 서비스 신지식인의 조건을 토의해 봅시다.

6. 서비스의 속성을 설명해 보고 서비스의 속성상 차별화시켜 나가기 위한 방법에는 무엇이 있는지 토의해 봅시다.

7. 서비스의 품질을 결정 짓는 요인에는 무엇이 있는지 토의해 봅시다.

8. 서비스 커뮤니케이션에는 어떠한 방법들이 있으며 이것들의 장단점을 토의해 봅시다.

9. 서비스가 최고의 상품이라는 말의 의미를 토의해 봅시다.

10. 한국사회의 서비스 수준은 어느 정도라고 생각하는지 의견을 제시해 보고 서비스 선진국으로 가는 데 있어 장애요인이 있다면 그것은 무엇인지 토의해 봅시다.

CHAPTER 2

유머 서비스맨으로 성공하는 비결

유머는 기술이요, 예술이며 전략이다.
고객을 행복하게 하는 유머 바이러스를 많이 퍼트리는 것이
기업, 직원, 고객을 모두 기쁘게 하는 일이다.
유머가 없으면 출근하지 마라.

CHAPTER

2 유머 서비스맨으로 성공하는 비결

1. 웃음은 전염된다는 거야

"고객을 가장 즐겁게 하는 사람은?"

"즐겁게 하는군(君)."

"가장 즐겁게 하는 여직원은?"

"즐겁게 하는걸(Girl)."

"그런 가장 오랫동안 즐겁게 하는 서비스 전략은?"

"즐겁지롱(Long)."

요즘 왕초보는 좀 여유를 부리기 시작했다. 고참 선배 따라다니며 엿듣고 우수한 서비스 기업체를 돌아다니며 배운 것이 그에게는 대단한 경험과 자부심을 안겨 주었다. 하지만 고참 씨는 아직도 갈 길이 멀다. 그의 눈에 왕초보 씨는 아직도 풋내기에 불과하기 때문이다.

"자, 이제는 본격적으로 9단이 되는 전략을 익혀 보자구."

"이제부터라뇨? 그럼 지금까지 헛발질하고 다녔다는 건가요?"

"헛발질이 아니고 본격적인 발길질 하는 기초 지식을 배운 거야. 발길질을 배우는 목적이 뭐겠어? 한 방에 급소를 찌르자는 거 아냐? 서비스 9단이 무슨 동네 강아지 이름인가?"

"그렇다 치고 그럼 지금부터 뭘 배우란 말이에요?"

"그래, 서비스 9단은 최고수지. 그 경지에 오르기 위해서는 유머 서비스 리더가 되어야 한다네."

"유머 서비스 리더라뇨?"

"이제는 단순히 업무상 일하는 서비스가 아니라 재미와 웃음을 주는 유머 서비스업무를 통해 부가가치를 추구하고 이익을 얻을 수 있는 유머 리더가 되어야 한다는 말이야. 어느 조직이든 리더는 바이러스의 감염원이기 때문에 리더 중심의 웃음 바이러스를 양산해 나가는 분위기가 중요하거든."

"웃음 바이러스라고요?"

"그래 독감이나 컴퓨터에서처럼 급속도로 퍼져 나가 치명적인 영향을 미치는 거 있잖아?"

"그래요, 그런데 그것과 서비스와 무슨 관계가 있지요?"

"훌륭한 서비스를 주변에 전염시키는 일꾼이 되어야 한다는 거지. 치명적인 바이러스일수록 치유하기 힘들듯 독특하고 모방하기 어려운 균을 뿜어낼 수 있는 웃음 바이러스를 양산하여 고객을 향해 뿌려나가야 한다는 거야."

"그럼 그런 유머 바이러스를 퍼트리는 리더가 되기 위해서 어떻게 해야 하나요?"

"우선 자기 분야의 리더가 되어야 해?"

"무엇보다도 서비스 리더가 되어야겠군요?"

"리더십의 대가인 데일 카네기는 리더가 되기 위한 조건으로 다음과 같은 것을 강조했어."

고참 씨는 가방에서 카네기 리더십에서 배운 핸드북을 내보이며 10가지 중요 사항이 들어있는 페이지를 펴 보였다.

"첫째, 칭찬과 감사의 말로 시작하라.

둘째, 잘못을 간접적으로 알게 하라.

셋째, 상대방을 비평하기 전에 자신의 잘못을 인정하라.

넷째, 직접적으로 명령하지 말고 요청하라.

다섯째, 상대방의 체면을 세워 주어라.

여섯째, 아주 작은 진전에도 칭찬을 아끼지 말라.

일곱째, 상대방에게 훌륭한 명성을 갖도록 해주어라.

여덟째, 격려해 주어라. 잘못은 쉽게 고칠 수 있도록 느끼게 하라.

아홉째, 당신이 제안하는 것을 상대방이 기꺼이 하도록 만들어라."

왕초보는 재빠르게 복사해서 자기 노트에 정리하고 리더십에 대하여 눈을 뜨기 시작했다.

"리더십을 발휘하지 않고는 자기만족은커녕 승진이나 비전, 고객만족은 기대할 수 없어. 과거의 리더십은 권위주의적인 힘과 통제력으로 관리 감독하는 기능이었다면 21세기의 리더십은 사랑으로 감싸고 끌어안는 예수 리더십(JESUS Leadership)이 되어야 해."

"그렇죠, 사랑이면 우선 예수죠."

"또한 미국의 피터 드러커(Peter F. Drucker) 교수는 리더십의 본질을 일, 책임감, 신뢰라 주장했어. 이제는 일을 통해 자기발전과 행복을 추구할 수 있으며 책임감 있는 서비스업무, 고객과 동료에게 신뢰감을 줄 수 있는 유머 서비스리더가 되어야 하네."

"리더십이 뛰어난 사람이 서비스는 멋지게 해 낸다는 말이군요?"

"긴말하면 잔소리지."

"언제 제가 긴말했나요? 뭐 그리 짬밥 수가 많다고 어깨에 힘을 주고 그러세요?"

"알았어. 그만 좀 하라구."

"정말 이렇게 염장 질러놓고 발뺌하긴가요?"

"알았습니다요, 왕 초보님. 자존심은 벌써 9단이구먼."

"발뺌도 9단이군요?"

"알았으니 나중에 9단끼리 대결해 보고 계속하자구. 데이비드 슈워츠 교수는 위대한 리더는 사람에 대해 공부한다고 주장했지. 사람에 대한 지식은 성공, 풍요, 행복을 성취하는 데 있어서 가장 필요한 정보라는 거야. 물론 업무에 대한 지식도 중요하지만 사람에 대한 지식의 중요성에 비하면 그야말로 아무것도 아니라고 그는 늘 강조했어."

"사람에 대하여 공부하는 것이 리더의 자질이라는 거군요?"

"오케 바리. 사람을 만족시키는 것이 서비스인데 상대방의 심리나 사람 다루는 법을 모르고 어떻게 진정한 서비스를 이룰 수 있겠는가? 리더는 단순히 지위가 높다거나 경험이 많은 사람을 의미하지는 않아. 고객만족을 성취하기 위해서는 고객을 이해하고 감동시킬 수 있는 고객에 대한 기본적인 지식이 갖추어져야 한다는 것이지."

"그러기 위해서는 고객을 즐겁게 하는 유머리더가 되어야 한다는 말씀이군요?"

"당연하지. 웃음을 거래하다 보면 나머지 일들은 저절로 이루어지게 되어 있거든."

"웃는 얼굴에 침 뱉지 못한다는 말도 있죠?"

"바로 그게 웃음의 법칙이야!"

"웃음에 대해서도 고참 씨는 공부를 많이 하셨군요?"

"서비스의 핵심이 웃음인데 어찌 소홀히 할 수 있겠어."

"그럼 웃음의 이론을 하나만 더 말씀해 주세요."

"웃음은 전염된다는 거야."

"전염이라?"

"웃는 사람을 보면 저절로 웃음이 나오게 된다는 거지."

"그러면 서비스맨이 미소를 지으면 고객도 즐거워한다는 논리는 분명 맞는군요."

"힘차게 웃어 보라구. 그건 건강에 좋을 뿐 아니라 고객을 사로잡는 비법이 될 테니까."

파워 유머 기법

당신에게 유머가 필요한 이유는?

- 유머는 긴장감을 몰아내죠.
- 유머는 설득력을 높이죠.
- 유머는 위기극복 능력을 주죠.
- 유머는 고객을 내 편으로 만들죠.
- 유머는 고객과 친밀감을 형성하죠.
- 유머는 매출액을 높여주죠.
- 유머는 진실을 말하게 하죠.

아무리 지식이 많아도 유머가 없으면 말짱 꽝이래요. 유머 있는 사람이 인기 있고 성과가 좋다는 연구결과는 무수히 많죠. 유머는 단지 웃음을 주는 게 아니라 그 안에 숨겨진, 여유와 사람을 하나로 묶는 힘이 있나 봐요. 특히 인정받고 싶고 성공하겠다면 오늘부터 유머를 구사해 보세요. 당신을 부드러운 사람으로 매너 있고 품위 있는 사람으로 만들어 줄 테니까요.

2. 서비스 쫀심을 키워봐

"행복해서 웃는 것이 아니라 웃어서 행복한 것이다."

"그럼, 웃으면 다 행복해지나요?"

"그럼."

"그렇다면 그냥 웃지 왜 일을 하죠?"

"그렇다면 결국 죽을 거 미리 죽지 왜 사니?"

오늘 고참 씨와 왕초보 씨는 국내에 들어와 있는 세계적인 기업을 방문하여 매장을 둘러보기로 했다.

회사에서 가까운 압구정동에 있는 매장으로 가면서 고참 씨는 왕초보에게 의미 있는 질문을 했다.

"미스 왕은 서비스 9단이 되기 위해 우선 갖추어야 할 것이 무엇이라고 보는가?"

"그거야 당연히 8단부터 되어야겠죠."

"아쭈구리, 이제는 여유까지 부려?"

"당연한 것 아닌가요?"

"이제 서비스에 대하여 자신 있다는 것이로군. 좋아 그런 겁 없는 태도는 받아 줄 수 있어. 무식한 놈이 용기 있다는 말이 맞는군."

"무슨 말이 그래요. 인격적으로 모욕감마저 느끼는군요."

"그럼, 내공을 더 쌓든가 아니면 겸손해지든가?"

"그 선생에 그 제자지 뭐 다를 게 있어요?"

"아쭈, 이제는 맞짱 뜨자는 거군?"

어느덧 매장에 도착한 두 사람은 호스트의 안내를 받으며 자리를 잡았다.

"뭣 좀 먹어요. 남들은 열심히 먹고 있는데 침만 흘리고 있을 건가요?"

"그래 먹자고, 셀프서비스인 건 알고 있지?"

"찾아주셔서 감사합니다. 뭐 필요한 것은 없습니까. 즐거운 시간 되세요."

기계처럼 자동으로 나오는 직원들의 인사가 정은 없어 보이지만 그런대로 일사불란하게 움직이는 태도에 두 사람은 만족스러워했다.

"그런데 왜 여기를 오자고 한 거죠?"

"그래 말해 줄게. 아까 질문할 것을 가르쳐 주려고 왔지."

"서비스 9단이 되려면 무엇이 제일 중요하냐구 물은 거 말인가요?"

"그래."

"뭔대 여기까지 와서 알려주려고 하죠?"

"그건 바로 이 기업이 성공한 비결이기 때문이야. 바로 사명의식이지."

"서비스맨으로서 사명의식을 가지라는 말씀이군요?"

"서비스의 중요성을 깨닫고 고객 만족 서비스를 실현하여 회사에 이익을 안겨 주며 서비스맨으로서 비전을 갖고 맡은 바 업무에 충실하고 서비스 문화 향상에 앞장서 노력한다는 이러한 철저한 직업의식과 사명감이 없으면 절대로 이 분야에서는 성공할 수 없다는 점을 명심해야 돼. 알았지?"

"직업에 대한 사명의식이 뒤따르지 않고는 올바른 서비스 가치관을 가질 수 없다는 말씀으로 받아들이면 되겠군요?"

"빙고. 서비스업은 정서적 노동이기 때문에 근무여건이나 주변 환경도 중요하지만 스스로 직업관을 만들어 가는 일은 더욱 중요해. 어느 환경에 처하든 주변 사람을 감염시킬 수 있는 서비스 바이러스의 감염원으로서 또 한편으로는 누구의 균이라도 받아들일 수 있는 서비스맨이 되어야만 왕초보가 도전하는 9단에 빨리 도달할 수 있다는 것을 잊어서는 안돼."

"그런데 이 매장하고 그게 무슨 관계가 있어요?"

"어, 이 기업은 전 세계 130여 개 나라에 무려 3만여 개의 점포로 급성장한 세계최고의 업체잖아. 오늘날 이처럼 성장하게 된 배경에는 직원에 대한 철저한 교육과 이로 인한 직원 스스로 갖는 사명의식 덕분이라고 볼 수 있어."

"예를 든다면요?"

"좋은 질문이야. 예를 들면 모든 직원에게 15분마다 손 한 번을 닦게 하는 위생 마인드가 있는데 이것이야말로 이 회사가 성장한 주요 배경이라고 전문가들은 말하고 있지. 15분마다 손을 한 번씩 닦는다는 위생서비스 철학이야말로 고객을 먼저 생각하는 서비스 사명이라고 볼 수 있지. 그런 과정을 통하여 직원 스스로는 자신의 직업과 업무에 대한 사명의식을 키워나갈 수 있었던 것이 오늘날 전 세계 3만 개 점포로 성공한 비결이라고 볼 수 있어."

"듣고 보니 그렇군요."

"무슨 말이 그래. 오늘 서비스 사명을 배우는 것은 바로 왕초보인 당신에게 미모나 언변은 뛰어나지만 사명의식의 부족하다는 점 때문이야. 알겠어?"

"알겠습니다. 왕고참님."

"그래 가지고는 초보자 딱지를 죽을 때까지는 달고 다닐 거다. 훌륭한 서비스는 일에 대한 사랑 뚜렷한 직업관과 사명의식에서부터 시작되는 것, 이것부터 명심하라고. 오케이?"

"당연지사 오케이입니다. 감히 누구의 면전이라고요."

매장에서 나온 두 사람은 길 건너 10분 거리에 있는 외국계열의 유명 호텔에 들러 커피 한잔 하기로 했다. 호텔에 들어서자마자 서구풍의 인테리어와 친절이 몸에 밴 직원들의 서비스 태도에 왕초보는 어안이 벙벙해졌고 '나는 한참 멀었구나' 하는 생각이 들었다.

"그런데, 비쌀 텐데, 굳이 여기 와서 커피를 마셔야 하나요?"

"다 왕초보인 당신을 위한 투자야. 빨리 '왕(王) 자'부터 떼라고."

이때 상냥한 미소를 가득 담은 여직원이 다가와 주문을 받는다.

"안녕하십니까? 다른 손님을 기다리고 계십니까?"

"아닙니다."

"그럼 주문하시겠습니까?"

유니폼과 얼굴 표정, 말투, 모두가 하나가 되어 그야말로 서비스가 뭔지를 보여주는 직원 앞에 왕초보는 부러움 그 자체를 느끼고 있었다. 한편으로는 마음속으로 9단 도전이라는 욕구가 들끓기 시작했다.

"미스 왕, 굳이 이 바쁜 시간에 비싼 돈 써가며 이 호텔에 온 것은 이 호텔이 직원들에게 어떻게 사명의식을 강조하고 있는지를 보여 주고 싶어서야."

"정말 그렇군요."

"자, 직원들 눈빛이나 걸음걸이 하나하나에서 그런 걸 느낄 수 있지 않아?"

"정말 느껴집니다. 오늘 선배님 덕분에 세계적인 수준의 서비스를 체험해 보네요."

"그래, 다행이군."

파워 유머 기법

"강아지들의 공통점은?"

"카메라를 보면 환장한다."

"무조건 짖고 본다."

"자신이 누군지 모른다."

"뭐든지 먹고 본다."

서비스는 짖는 것만이 능사가 아니에요. 고객의 마음속으로 들어가지 못하면 아무런 성과를 건질 수가 없어요. 그러기 위해서는 자신을 잘 알아야 해요. 용모에서부터 말투, 옷차림, 표정 등을 알아야 고객과의 싸움에서 이길 수가 있겠죠. 지금 당장 카메라를 들여다보세요. 그리고 웃어 보세요. 자신이 누군지 기억 날 때까지 계속하세요. 서비스는 자신을 파는 거니까요. 우선 자신을 알아야 한대요. 그게 신지식인 서비스를 개발하는 비법이구요.

3. 배꼽은 닦은 거야?

"서비스는 자신의 마인드를 파는 거라네!"

"누구에게?"

"고객에게."

"얼마에?"

"그건 고객에게 물어봐."

다음 날 아침 왕초보는 오랜만에 배꼽티에 멋들어진 바지를 차림으로 출근했다. 사무실 분위기는 갑자기 찬물을 끼얹은 듯 정적이 감돌았다.

"미스 왕, 너 미쳤니? 그 복장이 뭐야?"

"왜요, 같이 미칠래요?"

"아침부터 농담 따먹자는 거야? 네 옷차림 좀 봐. 지금 패션쇼에 나가는 것도 아니고 그게 뭐야?"

"항상 선배님이 서비스맨은 끼가 있어야 한다고 강조했잖아요?"

"이 친구야 끼도 끼 나름이지. 거울 좀 들여다보라구. 그리고 배꼽은 닦은 거야?"

"정말 인격적인 모독을 줄 건가요? 남이사 배꼽을 닦든 금을 넣고 다니든 선배하고 무슨 상관인가요. 당장 삐져 나온 코털이나 집어넣으세요."

미스 왕의 복장 문제로 한바탕 소동을 치른 두 사람은 서로의 약점을 공격하며 소란을 떤 후 조용히 업무에 들어갔다.

"이봐 왕초보, 오늘은 용모에 대하여 공부하자고. 아침부터 복장문제로 소란을 떨었으니 제격이잖아. 거두절미하고 본론으로 들어가면 종업원이 곧 서비스 상품이야. 깔끔한 용모가 그만큼 상품가치를 안겨 주기 때문이지. 미국의 「워킹우먼」(Working Woman)지에서 몇 년 전 전국의 유명기업을 대상으로 조사한 바에 의하면 회사에 가장 많은 이득이 되는 직원은 다름 아닌 머리 좋은 직원보다 용모가 깔끔하고 서비스 기질이 뛰어난 직원이라는 내용을 발표한 적이 있어. 아마 똑같은 내용의 조사가 국내기업들을 대상으로 이루어졌다면 어떠한 결과가 나왔을까 궁금하지?"

"그야 당연히 일류대 나온 사람 혹은 기획 잘 하고 머리통 잘 굴리는 직원이라는 결과가 나오지 않았을까요?"

"나도 그렇게 생각해. 하자만 머리통이 아니고 머리라는 것도 기억하구."

"죄송해요."

"세계적인 기업들의 통계이고 보면 배울 점이 많다고 봐. 우리에게도 이러한 풍토가 정착되기 위해서는 무엇보다도 서비스를 존중하고 관리할 줄 아는 서비스 문화가 정착되어야 한다고 생각해. 어느 조직이든 서비스 문화가 성숙하지 않은 상태에서 고객존중의 분위기를 만들어 나갈 수 없기 때문이지."

"복장하고 서비스 문화하고 무슨 상관이죠?"

"고객존중의 문화는 곧 복장에서부터 나온다는 거야. 그러니까 단정한 옷차림은 서비스맨의 자세와 프로근성을 보여 주는 거야."

"그럼 내 배꼽티는 문제가 되고 고참 씨의 콧털은 매력이라는 건가요?"

"알았어, 이제 그만 하자구. 만약에 전자제품을 구매하기 위해 대리점을 방문했다고 가정해 봐. 안내하는 사장의 옷차림이 점퍼 차림에 운동화를 신고 있는 경우와 깨끗한 정장 차림의 품위 있는 옷차림을 하고 있는 경우와 어느 쪽이 더 믿음이 가겠어?"

"당연히 깨끗한 복장으로 믿음이 가겠죠."

"바로 그 점이야. 판매원의 옷차림과 외모는 제품의 품질에도 영향을 미친다는 거야."

"그럼 복장이 상품의 품질을 말해 준다. 수긍이 가네요."

"깨끗한 용모는 그만큼 신뢰감을 주고 거래를 성사시키는 데 큰 도움이 된다고 보면 돼, 알았지?"

"그래서 자신을 팔라는 거군요?"

"바로 그거야. 서비스는 자신의 태도를 파는 거라구."

"그 가격은 누가 매기죠?"

"누구겠어. 당신이 기다리는 고객들이지."

"고객들이 나의 값을 매긴다구요?"

"그러니까 자기관리를 잘 하라는 거야."

파워 유머 기법

"마누라가 예쁘면 처갓집 말뚝보고 절한다는 말이 있죠?"

"맛이 완전히 갔군요."

"그럼 고객이 예쁘면 어떻게 할까요?"

"어떻게 하긴요. 서비스로 뭐 하나 얹어 주면 되죠."

"뭘 얹어 줄 건데?"

"보이지 않는 거죠."

"글쎄, 그게 뭔데?"

"뭐긴 뭐에요, 당연히 가치죠."

시장 점유율이 중요했던 시대는 지났어요. 이제는 고객 점유율이니까요. 고객의 마음을 잡아야 한다는 말이죠. 우량고객이 아니라 평생고객이라는 말이 나오는 이유도 바로 그거예요. 그렇다면 어떻게 고객의 마음을 잡을 건가요? 가장 좋은 방법은 유머로 고객의 자존심과 변덕스러움을 무너뜨리는 거죠. 이런 말이 있죠. 같이 웃으면 하나가 된다고.

4. 경비가 사장이라니까

한 외국계열 금융회사의 신입사원 면접 시험장에서 있었던 일이다.

"고객은 당신에게 어떠한 존재인가라고 생각합니까?"

"네, 저에게 월급을 주는 사람입니다."

"그렇다면 사장은 당신에게 어떠한 존재죠?"

"네, 저와 함께 고객으로부터 월급 받는 사람입니다."

식사를 마치고 두 사람은 외국 브랜드 커피매장에 들렀다. 보는 것보다 더 실감나는 교육은 없다는 것이 고참 씨의 서비스 철학이기 때문이다. 현장직원의 업무가 무엇보다도 중요하다고 믿어온 고참 씨는 오늘 고객을 대하는 직원의 자세를 가르칠 계획이다.

"이봐. 미래의 서비스 9단 아가씨. 매장에서 고객을 대하는 직원이 왜 중요한지 아나?"

"물건을 파는 사람이니 당연히 중요하죠."

"그것만이 아냐. 매장에서 직접 고객을 접대하는 직원은 곧 회사의 대표자나 다름없기 때문이야. 현장직원들이 고객에게 만족/불만족을 느끼게 하는 사람이거든. 단지 아르바이트라는 신분으로 근무할지라도 고객의 눈에는 그 사람을 통해서 기업의 이미지나 전반적인 서비스를 받기 때문에 곧 회사를 대표하는 사람으로 비쳐진다는 거야. 어느 기업을 방문하든 경비실을 거칠 때 안내 자세나 어투에 따라 방문하고자 하는 기업의 선입견, 이미지, 정서적인 기분 등이 결정되기 때문에 최일선에 근무하는 직원의 자기관리가 서비스의 품질관리 기준이 된다고 보면 돼."

"맞아요. 엊그제 친구하고 옷가게 들렀다가 마치 사기꾼처럼 떠들어대는 직원을 보고 믿음이 안 가서 그냥 나온 적이 있거든요."

"바로 그거야. 아무리 품질이 좋고 가격이 싸면 뭘 해? 판매하는 사람이 믿음직스럽지 못한걸. 고객을 접대하는 직원의 말이나 태도, 옷차림, 표정

등이 결국 기업전체의 이미지를 대변하고 서비스의 품질을 평가하는 기준이 된다는 점 명심해. 그건 기본 중의 기본이야."

"오늘 선배님은 현장직원에 대하여 지나치리만큼 목소리 높혀 강조하는 군요."

"고객의 입장에서는 일선직원이 곧 자신이 구매하는 상품이나 다를 바 없기 때문이야. 직원에게 믿음이 안 가면 상품은 더 이상 볼 게 없다는 것이 고객의 심리 아니겠어. 소비자들은 단지 상품만을 구매하는 것이 아니라 소비과정을 통하여 접대 받고 싶은 욕구와 쾌락을 느끼고 싶어하거든."

"그러니 현장직원이 곧 기업의 대표자라 이 말씀이시군요?"

파워 유머 기법

"여러분은 다른 점포에 들어갈 때 가장 먼저 보는 것이 무엇인가요?"
"당연히 물건을 봐요."
"저는 분위기를 봅니다."
"가격을 보겠어요."
"그러는 지배인님은요?"
"나는 사장의 얼굴을 봐요."
"왜 하필, 얼굴을...?
"사귀려고!"

사장의 얼굴을 보면 나머지는 더 이상 볼 필요가 없대요. 나머지 직원들은 저절로 사장의 얼굴을 담게 된대요. 직원들에게 아무리 웃으라고 혼내도 다음 날 그들은 평소의 얼굴로 그냥 출근한다잖아요. 가장 좋은 비결은 사장이 웃으면 나머지 직원들은 저절로 웃게 된대요. 이게 웃음의 힘이 아닐까요? 이런 말 있죠. 웃음은 주변 사람을 전염시킨다고.

5. 고객하고 결혼하지 그래요?

한 손님이 매장에 들러 이것저것 둘러보고 직원에게 말했다.
"이 놈은 얼마고 저 놈은 얼마죠?"
"네, 저 놈은 만 원이고, 이 놈은 만 오천 원인데요."

이른 아침부터 고참 씨는 그동안 관리해 오던 고객들에게 감사의 편지를 쓰기 시작했다. 10여 년 전부터 틈나는 대로 감사의 편지를 쓰는 것이 그의 일과가 되었다. 오늘 이 자리에 오른 것은 다름 아닌 고객들의 도움 덕분이라고 믿기 때문이다. 이렇게 관리하다 보니 고객이 친구가 되고 가정의 애경사에까지 참여할 정도로 가까운 관계로 발전해 갔다.

"쌩뚱 맞게 무슨 편지를 써요? 그냥 메일 한 통 보내면 되지."

"진정으로 감사한 마음을 전하기 위해서는 메일보다는 편지를 쓰는 거야. 이게 내 방식이라네."

"고참 씨다운 발상이네요."

"이건 나만의 방식이 아니고 앞으로 왕초보도 언젠가는 이 방식이 좋다는 것을 깨닫게 될 거야."

"차라리 고객하고 결혼을 하지 그래요?"

"그거 좋은 생각이군. 미스 왕이 내 아내 몰래 예쁜 고객을 소개해 줘. 한턱 크게 쏠게."

"여자라면 사족을 못 쓰는군요. 그건 그렇고 오늘은 뭘 가르쳐 줄거죠?"

"오늘의 주제는 고객이야!"

"눈만 뜨면 고객이라! 고객이 밥 먹여 줘요?"

"아니, 그것만이 아냐. 옷도 입혀주고, 아이들 우윳값도 주고 내 미래까지 보장하거든."

"그럼, 고참 씨의 고객 타령을 한번 들어 봅시다."

"GE사의 회장을 지낸 잭 웰치가 말하기를, '기업은 직업안정을 제공해줄 수 없다. 그것은 오직 고객만이 제공해 줄 수 있다. 고객을 생각하지 않는 사람은 아무 것도 생각하지 않는 것이나 마찬가지'라고 한 바 있어."

"고객관리의 중요성을 단적으로 보여준 예라 볼 수 있겠군요?"

"당연하지. 지금까지 서비스업계에 몸담아 오면서 이보다 더 가슴에 와 닿는 명언은 없었거든."

"그렇군요. 정말 실감나는 말이군요?"

"노드스트롬이 오늘날 세계적인 서비스 기업의 대명사가 된 것도 다름 아닌 일선 판매사원들의 신화적인 고객서비스 덕분이라고 알려져 있어. 믿어지지 않을 정도의 고객에 대한 신화적인 서비스 바이러스가 오늘날의 노드스트롬 백화점을 탄생시킨 것이지."

"고객을 생각하고 고객을 행복하게 하는 기업만이 유일하게 살아 남을 수 있다는 서비스철학이군요."

"물론이야. 여기 이 책자 좀 보라고."

고참 씨는 노드스트롬 백화점의 몇몇 사례가 담긴 자료를 왕초보에게 주었다. 왕초보는 세계적인 서비스 기업의 성공사례를 배울 절호의 기회를 가질 수 있어 기뻤다.

다음은 노드스트롬 백화점의 신화적인 고객서비스 바이러스 전파의 사례들이다.

• 첫 번째 사례

어느 날 한 여성고객이 세일이 끝난 줄도 모르고 백화점을 찾아와 평소에 사고 싶었던 고급 브랜드의 바지를 사고자 했다. 그러나 그녀의 사이즈에 맞는 바지는 다 팔린 상태였다 백화점은 여기에서 그치지 않고 인근 지역에 있던 경쟁사에서 정가대로 바지를 구입해서 그 고객에게 세일가격으로 판매했다.

• 두 번째 사례

어느 날 한 고객이 타이어를 들고 찾아와 다른 것으로 바꾸어 달라고 했다. 노드스트롬 백화점은 창립 이래 타이어를 취급한 적이 없음에도 불구하고 판매사원은 기꺼이 타이어를 돈으로 환불해 주었다. 뒤늦게 이 사실을 안 그 고객은 평생 열렬한 노드스트롬의 고객이 되었다.

• 세 번째 사례

노드스트롬에서 쇼핑한 고객이 매장에 비행기표를 두고 공항으로 떠났다. 뒤늦게 이 사실을 판매직원은 항공사에 전화를 걸어 그 고객에게 비행기표를 재발급해 줄 수 있는 지 물었으나 불가능하다는 이야기를 들었다. 그러자 그 직원은 사비로 택시를 타고 공항으로 가서 고객을 찾아 비행기표를 건네 주었다.

파워 유머 기법

"이 회사는 내 것이 아닙니다. 모두 여러분의 것입니다." 어느 사장이 직원들에게 열정을 호소하며 주인의식을 가질 것을 권했다.
"우리 사장 또 거짓말이군."
"왜?"
"저 얘기는 회장 때부터 지겹도록 들어 왔거든."
"그것까지 물려줬나?"
서비스를 잘하는 직원은 누구일까요? 바로 주인의식이 뛰어난 사람이죠. 서비스는 지식이나 학력으로 되는 게 아니거든요. 철저한 주인의식이 박혀 있으면 그만큼 열정을 가질 수가 있어요. 잘 해도 한 봉투, 못 해도 한 봉투 받는다고 생각하면 그 자리에서 절대 벗어나지 못해요. 내 것이라고 마음먹는 순간부터 고객은 당신에게 소중한 재산처럼 여겨질 거니까요. 주인의식을 가져 보세요. 그러면 찾는 길이 보일 거예요.

6. 유머가 고객을 춤추게 하리

"고객관리팀의 강 대리는 나중에 정계에 진출해도 되겠어."
"왜요? 특별한 꿈이라도 있대요?"
"아니, 매일 고객에게 거짓말을 하잖아."

고참 씨는 요즘 무척 화가 나 있다. 시간이 지날수록 왕초보의 말솜씨가 좀처럼 나아지질 않기 때문이다. 평소에 서비스는 곧 말이라는 철학을 갖고 있는 그에게 왕초보는 미숙하기 그지없어 보인다. 그래서 오늘은 서비스맨의 언어 사용에 대하여 집중적으로 훈련할 계획이다.

"왕초보야, 너는 언제나 철 들래?"

"글쎄요, 요즘은 헬스장도 안 다니고 철을 들 일이 없는데요. 혹시 선배님 저를 위해서 헬스 이용권이라도?"

"꿈깨 짜샤. 그런 철이라면 말을 않겠다. 도대체 서비스맨이 사용하는 언어수준이 그게 뭐야. 그래서 어떻게 고객을 내 편으로 만들겠어."

"그게 다 윗물 받아먹어서 그런 걸 어떻게 해요. 선배님이나 똑바로 말하세요."

갑자기 왕초보에게 한방 맞은 고참 씨, 엉거주춤 커피를 빼들고 겸연쩍은 듯 특유의 부드러운 말솜씨로 분위기를 반전시켜 나가는데.

"요즘 왕초보가 매장에서 사용했던 언어를 중심으로 말할 테니 들어보라구. 서비스맨이 사용하는 언어는 간단하고 핵심을 찌르는 내용이라야 해. 고객의 말을 가로막지 말고 그가 원하는 바를 충분히 이해한 후 간단명료하게 응대해야 한다는 거야."

"맞아요, 언젠가 사장님이 훈시할 때 서비스맨이 말을 많이 하면 할수록 고객을 설득한다는 생각은 버려야 한다고 강조했던 말이 생각나네요."

"바로 그거야. 종업원의 말이 많을수록 오히려 고객은 짜증을 내게 되고 불신한다는 거지."

"제가 요즘 읽고 있는 책이 있는데요. 그 책에서는 대화의 원칙으로 2S 1W를 들고 있어요. 짧고 간결하게(Short), 소금 맛처럼 짜게 하고, 핵심을 찌르는(Salt), 그리고 유머(Wit)가 뒷받침되어야 한다는 거죠."

"그래 나도 읽었던 적이 있는데, 바로 우리 서비스맨에게 해당되는 말이야. 옛말에 촌철살인이라 했지."

"그리고 세 치의 혀가 육신을 죽인다는 말도 있잖아요."

"빙고, 정말 죽이는데. 이제 내가 오히려 배워야겠어. 이런 걸 뭐라 하는지 아나?"

"글쎄요? 뭐 깜찍하다, 그런 거 아니겠어요?"

"헛다리 짚지 마. 뱃속에 구렁이 들어앉아 있다고 말하는 거야. 이 구렁아."

"그래요? 제가 구렁이면 선배님은 능구렁이....?"

"자, 이제 비긴 거로 하자고. 하여튼 종업원이 사용하는 말 한마디 한마디는 곧 그 업장이나 회사의 이미지를 나타내고 서비스 수준을 말해 준다는 데 그 중요성이 있어."

"간단하게 말하라. 그리고 정확하게 답변하라. 그러기 위해서는 고객의 소리에 귀 기울이며 항상 고객의 마음 가운데 살 수 있는 준비가 되어 있어야 한다는 게 오늘의 결론이군요."

"그래 이제 서비스 9단에 어울리는 언어를 사용하자구."

"오늘 선배님 가르침을 받고 보니 영업이사님께서 틈만 나면 알기 쉬운 말을 하자, 표준어를 사용하자, 전문용어는 가급적 피하자, 부드러운 언어를 사용하자고 강조하는지 알겠어요."

"그리고 이런 말 있지. 장사꾼처럼 말하지 말라."

"맞아요. 병풍에 모과 굴러가듯 소리만 내는 말은 설득력이 없다는 거죠."

"결국 누가 무슨 말을 하든 말은 품위가 있어야 한다는 거야. 게다가 믿음이 있어야 하고, 공감할 수 있어야 한다는 거지."

이야기 중에 갑자기 고참 씨는 왕초보를 데리고 1층의 매장으로 갔다. 뭔가 보여 줄 것이 있다며 발걸음을 재촉했다. 그들이 도착한 곳은 다름 아닌 탈의실이었다.

"자 이걸 읽어 보라구. 사장님 지시로 지난해부터 직원들의 탈의실에 이런 문구를 써 붙인 거야. 그리고 출퇴근할 때는 전 직원이 크게 소리치며 읽어야만 돼."

"아, 그렇군요. 이거야말로 살아있는 교육이군요."

"왕초보도 한번 크게 소리쳐 보지?"

"혹시 '나는 왕초보다'라고 외치라는 것은 아니겠죠?"

"물론 아냐. 이미 왕초보라고 얼굴에 쓰여 있으니까."

"그럼 선배님은 고참이라고 쓰여 있나요?"

"그야 두말하면 잔소리지."

"그래 좀 봅시다. 눈 씻고 봐도 엉큼한 눈빛만 보일 뿐, 어디에 고참이라고 쓰여 있다는 거죠? 혹시 40대에 치매오는 것은 아니겠죠?"

"이봐, 왕초보야. 나는 서비스 9단야."

"그게 어떻다는 건데요."

"이쯤 되면 다 마음속에 간직하는 거야. 미스 왕처럼 떠벌리면 진짜 초보로 퇴직하게 돼. 내 말 명심하라구."

"알아모시겠습니다. 9단 영감님."

"영감이고, 땡감이고 소리쳐서 읽어보기나 해 봐."

왕초보는 목을 빳빳이 세우고 사장님의 지침을 소리내어 읽어 갔다.

"최적의 상황을 파악하는 자가 말을 잘 하는 사람이다.

말이 많으면 많을수록 신뢰감이 떨어진다는 말이 있다.

특히 불평하는 고객 앞에서는 신중해야 한다.

말의 내용보다는 태도가 더 중요하기 때문이다."

서비스맨의 언어사용 원칙은 다음과 같다.

- 한마디라도 신경 써서 신중하게 한다.
- 명령형을 의뢰형으로 한다.

- 부정형을 긍정형으로 한다.
- 플러스적인 대화법을 구사한다.
- 항상 존경어를 사용한다.

말할 때의 기본자세는 다음과 같다.

- 눈으로 상대방을 안내한다.
- 표정은 밝게 하며 적당한 제스처를 사용한다.
- 정확한 발음으로 표준어를 구사한다.
- 마음속으로 항상 신뢰를 판다는 생각을 한다.
- 감정적인 말을 피한다.
- 애매한 표현은 피한다.
- 위압감을 주는 단어는 피한다.

파워 유머 기법

"정치인에게 가장 가르치기 어려운 것은?"

"웃는 일."

"그럼 가장 가르치기 쉬운 것은?"

"막말하고 싸우는 일."

정치야말로 가장 모범적인 서비스업이죠. 자신을 뽑아준 고객인 유권자들이 행복하게 살 수 있는 제도를 만들고 비전을 제시하는 일보다 더 큰 서비스는 없죠. 그런데 그들이 사용하는 언어를 보면 아이들하고 텔레비전 보기 겁날 때가 있어요. 막말은 식은 죽 먹기고 멱살을 잡고 욕지거리까지 서슴지 않죠. 언어는 존재의 집이라는 말이 있죠? 그 사람이 사용하는 언어가 곧 그 사람의 인격이라는 말이래요. 말이 힘들고 어려운 것은 그만한 이유가 있어요. 자신의 인격을 나타내는 일이니까요. 오늘 사랑하는 고객에게 따뜻하고 정감 있는 언어를 구사해 보세요. 분명 매출이 오를 거니까요.

7. 도끼 맞아 죽은 돼지가 정말 웃는다고?

서울 시내 한 공중 화장실에 다음과 같은 문구가 쓰여 있었다.

"마음껏 웃어 보세요. 변비가 도망갑니다. 하하 호호 히히."

어떤 변비 환자가 이 화장실에서 일을 보다 실컷 소리쳐서 웃었다.

"하하하하하, 히히히히히......"

그런데 갑자기 밖에서 소란이 벌어졌다.

"무고한 시민을 위협하는 정신병자는 빨리 나오라."

"왕초보야, 가장 비싼 돼지는 어떤 돼지인지 아나?"

"그야말로 시골에서 구정물 먹고 큰 검정 돼지겠죠."

"그래, 정말 확신하나?"

"그렇다니까요."

"그렇다면 그건 왕초보를 말하는 건데....."

"뭐야, 이 늑대 같은....."

"그래 계속해봐. 늑대 같은 뭐라고?"

"선배님이라구요."

"진짜 비싼 돼지는 웃는 돼지거든."

"그걸 누가 모르겠어요?"

"그럼 도끼 맞아 죽은 돼지가 정말 웃는다고 생각하나?"

"글쎄요, 죽은 놈이 웃을 수는 없고...."

"바로 그거야 비록 죽어 있지만 웃는 것처럼 보일 뿐인데 사람들은 웃는 돼지를 찾느라 법석이거든. 복을 갖다 준다는 믿음 하나 때문에."

"죽은 돼지도 웃는 모습이면 비싼데 좀 웃으라는 것 아닌가요?"

"사실 왕초보의 미소는 백만 불이야. 어디를 둘러봐도 미스 왕 만한 웃는 얼굴이 어디 있겠어."

"역시 선배님 보는 눈은 달라요. 최고예요. 오늘 점심은 이 후배가 한 턱

쏘겠어요."

"그래. 그거 잘됐군. 자 그럼 공부 좀 하자구. 서비스맨은 용모나 외모, 태도 자체가 하나의 상품가치를 갖는다는 것은 이미 배워서 알고 있지. 철저한 자기관리만이 업장을 대변하며 서비스의 질을 향상해 나갈 수 있다는 말이야."

"그래서 미소는 더욱 중요하다는 말이죠?"

"두말하면 잔소리지. 웃음은 최고의 유니폼이라는 말이 있어. 적절한 시기에 단 한 번의 미소가 천만마디의 말보다 빛을 발휘할 수 있잖아. 서비스맨이 미소를 잃는다면 생명을 잃는 것과 같은 거야."

"누가 아니래요. 얼굴이 꽃이라면 미소는 향기와 같다는 말도 있죠."

"어쭈구리. 예쁘다고 칭찬했더니 이제 풍월을 읊는데? 이런 말도 있지. 미소 짓지 못할 만큼 가난한 사람 없으며, 미소 안 지어도 될 만큼 부자도 없다는 말. 고객을 대하는 서비스맨은 자신의 미소가치를 경제적인 수치로 계산할 줄 알아야 해. 미소는 돈을 굴러오게 하는 수단이며 단골고객을 유치하는 데 기본적인 기법이기 때문이지."

고참 씨는 너덜너덜한 노트를 꺼내더니 미소의 가치를 왕초보에게 보여주었다. 미소의 중요성을 단번에 알 수 있을 만큼 손때 묻은 흔적이 역력하다.

"자 한번 읽어 보라구. 신입사원 시절에 나는 매일 아침에 거울 보고 웃는 연습하면서 이 문구를 매일 소리쳐 읽어 왔어."

"그 열정 대단하시네요. 이제 저에게 그 열정을 파세요?"

"지금 팔고 있잖아. 어디 한번 소리쳐 읽어 보라구."

왕초보는 고참 씨가 건네준 미소의 가치를 소리쳐 읽어나갔다.

- 미소는 환대를 상징한다.
- 미소는 자신감을 갖게 한다.
- 미소는 마음의 패배감을 없애 준다.
- 미소는 고민, 비판, 의기소침을 없애 준다.

- 미소는 소극적인 감정을 치료한다.
- 미소는 타인의 반대를 용해하는 역할을 한다.
- 미소는 화를 낼 수 없게 만든다.
- 미소는 행복하다고 느끼게 한다.
- 미소는 자연스러움, 안정감, 온정, 희망, 기쁨을 느끼게 한다.
- 미소는 국경 없는 만국의 공통 언어다.
- 미소는 원가가 없다.
- 미소는 무한한 부가가치를 창출한다.

"느낌이 어때, 실감나지?"

"정말 웃음의 가치를 느끼겠어요."

"고객을 맞이하는 자세는 특별한 테크닉을 말하는 게 아니라는 거야. 인간적인 감동을 불러일으키고 공감할 수 있는 분위기를 만들어 나가는 게 중요하지. 웃음은 만국의 공통언어라고 하잖아. 웃음은 가장 기본적인 커뮤니케이션이면서 또한 완벽한 커뮤니케이션이라고 보면 된다는 말이야."

"학교에서 배운 건데요. 웃음이라는 단어의 어원은 건강이라고 하더군요."

"맞아. 웃음이 건강을 준다는 말은 과학적으로 근거 있는 말이야. 미소를 지으면 인체에 좋은 엔돌핀이 나와 혈압을 떨어뜨리고 긴장을 해소시키며 여유를 준다고 하잖아."

"또한 아무리 기분 나쁜 상황에서도 억지로 웃으면 턱 주변의 미소와 관련된 근육이 뇌를 자극하여 역시 같은 엔돌핀을 발산시켜 동일한 효과를 나타낸다는 말도 있어요."

"그래서 서양속담에 미소는 내적인 조깅이라는 말이 있잖아. 서비스맨은 항상 행복해서 웃는 것이 아니라 웃어서 행복한 것이라는 철학으로 먹고살아야 해."

"알았어요. 참으로 오늘 미소철학은 누구나 쉽게 할 수 있는, 그러면서도 가장 어려운 과제라고 볼 수 있군요?"

"바로 그거야. 그 중요성을 모르는 사람이 어디에 있겠어. 문제는 실천이야. 미국의 대형 할인점인 월마트 직원들은 항상 주머니에 1달러를 꼽고 다닌다고 하지. 이 1달러를 월마트 직원들은 스마일 1달러라고 부른다는 거야. 1달러가 꽂혀 있는 포켓에는 '만약 미소 짓지 않으면 1달러를 가져가세요.'라고 쓰여 있다고 하더군."

"그만큼 고객을 대하는 직원에게 있어 미소가 어떠한 역할을 하는지를 쉽게 알 수 있는 사례군요."

"이 같은 월마트의 1달러 미소전략은 고객에 대한 자신감의 표현이며 약속이라고 볼 수 있어. 나는 이런 작은 미소 전략이 월마트를 오늘날 세계적인 기업으로 만들었다고 믿어."

"저도 공감이군요. 미소, 너는 내 거야!"

"자 이제 점심 먹으러 가지. 어디로 갈까?"

"구내식당으로 가지 어딜 가요? 오늘 메뉴는 선배님이 좋아하는 순두부찌개 나오는 날인데요."

"이거 계산이 틀리잖아. 아까 분명히 왕초보가 쏜다 했잖아?"

"그랬던가요?"

"그래, 미스 왕은 그 아름다운 미소가 죄라면 이미 교수형 당했을 꺼야."

"정말이지요? 그럼 나가죠. 찐하게 쏘겠어요."

파워 유머 기법

웃음에도 기술이 있어요.

- 자주 웃는다.
- 소리내어 웃는다.
- 혼자라도 웃는다.
- 어울려 웃으면 효과가 30배는 있다.
- 웃을 일을 찾는다.
- 억지로라도 웃는다.

웃을 일이 없다고요? 그건 새빨간 거짓말이네요. 지금 주위를 둘러보세요. 웃을 일이 널려 있죠? 웃을 준비가 되어있질 않을 뿐이죠. 먼저 웃어보세요. 힘들고 대하기가 어려운 사람이 주위에 있나요? 그에게 먼저 웃음을 보이세요. 그러면 당신은 승리자가 되고 그는 당신 편이 되어 줄 거예요. 웃음은 마력을 갖고 있대요. 하지만 웃는 사람에게만 그 마력을 뿜어낸다고 하네요.

2

★ 제2장의 내용을 읽고 다음과 같은 서비스맨의 자세에 대하여 토의해 봅시다.

1. 서비스맨의 자세와 직업정신에 대하여 토의해 봅시다.

2. 서비스 리더의 조건과 조직 내에서의 역할에 대하여 토의해 봅시다.

3. 고객의 입장에서 서비스맨의 위치와 중요성을 토의해 봅시다.

4. 서비스 커뮤니케이션의 태도가 서비스 질에 미치는 영향이 얼마나 중요한지에 대하여 토의해 봅시다.

5. 스피치 기법에 대하여 토의해 봅시다.

6. 서비스맨의 자기관리의 중요성에 대하여 토의해 봅시다.

7. 말하는 사람의 태도와 메시지의 신뢰도와의 관계에 대하여 토의해 봅시다.

8. 서비스맨으로서 자기 사명서를 작성해 보고 이를 실천할 수 있는 방법에 대하여 토의해 봅시다.

9. 제2장에서 제시한 서비스맨의 자세를 읽고 본인의 태도에 부족한 점은 무엇이며 이를 개선해 나갈 수 있는 방법에 대하여 토의해 봅시다.

10. 서비스맨으로서 성공하기 위한 조건을 제시해 보고 자기관리 프로그램을 설계하고 이를 실천하는 방법에 대하여 토의해 봅시다.

Storytelling Service

CHAPTER 3

웃으면서 돈 벌고 고객을 춤추게 하는 서비스 전략

유머로 무장하라.
유머는 약점을 감춰주고 거리감을 좁혀주며 위기를 기회로 만들어 준다.
하루에 하나 이상의 유머를 외워라.
그것을 호주머니에 넣고 다녀라.
만나는 고객에게 선물하라.

CHAPTER

3 웃으면서 돈 벌고 고객을 춤추게 하는 서비스 전략

1. 립서비스 하지 마라

지난해 여름 친구들과 함께 영양탕집에 가서 겪은 일이다. 개고기를 못 먹는 친구 둘은 삼계탕을 시켰다. 나머지 일행은 개고기를 먹을 참이었는데, 여자 종업원이 오더니 하는 말

"나머지는 전부 다 개죠?"

"왕초보야, 앵무새는 인사할 줄 알까?"

"당연하죠. 어제도 조카 옷 사러 가는데 가게 문을 열자마자 '어서 오세요. 안녕하세요.' 하던데요."

"그건 인사가 아니라 흉내 내는 거야. 인사는 입으로 하는 게 아니거든."

"아니 입으로 인사하지 않으면 뭐로 하죠?"

"자, 농담할 시간 없어. 계속하자구. 기계처럼 자동으로 입에서 튀어나오는 말은 자칫 말로만 떠드는 립서비스(Lip service)에 그칠 수 있다는 거야. 이런 경우 고객은 오히려 거부감을 느끼기 십상이지."

"그러면 어떡하면 되죠?"

"그래 바르 그건데, 립서비스를 지양하기 위해서는 옷차림, 걸음걸이, 얼

굴 표정, 태도 등이 언어와 조화를 이루어야 한다는 거야."

"이제 갈수록 고참 선배는 만능을 요구하는 군요?"

"왜냐하면 서비스는 종합 예술이기 때문이지."

"종합 예술이라! 야 참 그거 대단한 표현이네요? 그럼 우리는 지금 모두 종합예술을 연기하는....."

"그래 우리는 모두 배우야. 서비스를 연기하는 배우들. 무대에서 관객을 사로잡고 자신의 연기력을 과시하기 위해서는 관객의 마음속으로 들어가지 않으면 안돼."

"빙고, 그래서 입으로만 서비스하지 말라!"

"그래 바로 그거야. 마음에서 우러나오지 않는 서비스는 절대로 친근감이나 감동을 줄 수가 없는 법이야."

"마음으로 말하라! 참 쉬워 보이는데, 생각해 보면 엄청 어려운 주제군요?"

"요즘 마케팅에서 고객감동이라는 말을 자주 사용하는데, 고객감동은 고객만족이라는 개념보다 한 차원 높으며 고객과의 친화력을 바탕으로 이루어지는 것을 말하지. 그래서 고객 한 사람 한 사람의 특성과 입맛 등 개인적인 요소를 파악해 두고, 그들의 수준에 맞는 언어를 구사하는 것이 필요해."

"그렇군요. 고객은 단골이라고 방문하는데 업장에서 누구도 그를 모른다면 당연히 입으로만 서비스 하는 실수를 저지를 수밖에 없겠어요."

"바로 그거야. 그런 경우는 고객감동은커녕 고객 실망으로 이어질 것이 뻔하잖아."

"우리 매장에서도 요즘 고객의 인적사항을 체계적으로 관리하는 이유도 따지고 보면 고객과 마음으로 대화하기 위한 전략이거든."

"고객이 누군지 알아야 모실 수 있다는 거죠?"

"그렇고 말고. 고객의 이름, 나이, 주소, 직업, 소득 수준, 즐겨 찾는 메뉴에서부터 생일, 결혼기념일 등 개인적인 자료를 컴퓨터에 수록하여 일대일 서비스 전략을 펼쳐 나가면 친근감은 물론 개개인의 상황에 맞는 대화가 가능하다는 말이지. 두세 번 방문한 업소에서 자기의 이름을 기억해 주고 결혼기념일에 축하전보를 받아 볼 수 있다면 이 얼마나 기쁜 일이겠는가?"

"오늘 고참 씨 말을 들어 보니, 그동안 말로만 소리치고 고객과 눈인사 한 번 마주치지 못하고 고객을 대한 것이 얼마나 경솔했나를 느낄 수 있겠군요."

"그래, 서비스는 표정과 말과 복장이 삼박자를 맞출 때 고객에게 따뜻함을 줄 수 있다고 봐야 돼."

"그중에 제일은 말이라!"

"그래 특히 언어는 그 사람의 교육 수준을 나타내는 척도가 된다는 점 명심해야 돼?"

"명심, 또 명심하겠습니다. 고참 선배님!"

파워 유머 기법

고객을 웃겨 보세요. 그 웃음은 당신에게로 되돌아올 거예요.

"가장 웃기는 남자는?"

"웃기는군(君)."

"가장 잘 웃기는 여직원은?"

"웃기는걸(Girl)."

"가장 많이 웃는 동네는?"

"웃기리(理)."

"배꼽 빠지게 오래 웃기는 일은?"

"웃기지롱(Long)."

때로는 화려한 미사여구를 늘어놓는 것보다 미소 한 방이 효과적일 때가 있죠. 말을 잘한다는 것은 그때그때 달라요. 고객을 대하는 상황에 따라서 어린이 고객에게는 그에게 어울리는 언어를, 귀머거리에게는 그와 의사소통이 될 수 있는 메시지를 찾아야 되죠. 고객층에 따라 눈높이를 맞출 수 있는 사람이 훌륭한 서비스맨이니까요.

2. 그건 그때그때 달라요

어느 병원에 입원한 환자는 수면제를 먹지 않으면 잠을 들지 못할 만큼 불면증에 시달리고 있었다. 간호사는 정해진 시간에 찾아와 수면제를 먹이고 달콤한 이야기를 들려줄 만큼 친절했다.

어느 날인가 환자는 수면제를 먹지 않고도 다행히 잠에 들었다. 마침 환자에게 수면제 먹이는 것을 잊었던 간호사가 헐래 벌떡 뛰어와 잠자는 환자를 흔들어 깨웠다.

"여보세요. 빨리 일어나세요. 수면제를 안 먹고 그냥 자면 어떻게 해요?"

"왕초보야, 고객이 싫증내는 이유 중의 하나가 뭔지 않아?"

"당연히 불친절이겠죠?"

"그건 불쾌감을 주는 일이고, 고객을 싫증나게 하는 일은 규칙만을 내세우며 유연성이 없는 딱딱한 직원의 태도야. 그동안 서비스 매장에 근무하다보니 피부로 실감나게 느낀 거라구."

"그러니 알아 들으라 이 말씀이신가요?"

"현장에서의 짬밥을 당할 수 있는 사람은 아무도 없거든. 그거 있잖아. 서당개 삼 년이면 풍월을 읊는다고. 그게 바로 짬밥의 위력을 말해주는 거라구."

"전적으로 동의합니다. 나도 그런 경우를 당한 적이 있어요."

"그래, 그놈이 어느 놈이야. 오늘 당장 잘라 버릴거야!"

"우리 회사가 아니고 가전제품을 샀다가 당한 일이라고요."

"도대체 그런 회사는 규칙이 왜 있는 거야. 설사 규칙에 위반된다 하더라도 고객을 우선시하는 풍토가 전혀 없는 게 문제라구."

"우리 회사 규정상 그것은 절대로 안 된다며 핏대 올리는 직원을 볼 때 정말 피가 거꾸로 솟는다구요."

"고객의 욕구나 기대심리는 천차만별인데 규칙이라는 잣대만을 가지고 고객을 맞이하려 하니 고객만족은커녕 경직된 분위기만 보여줄 뿐이야. 책을 읽듯 외워서 입으로만 떠들어대는 서비스는 고객을 등 돌리게 한다는 점 명심하라구."

"규칙에만 얽매이지 말고 그때그때 상황에 맞는 유연성을 가져라. 이 말씀이군요?"

"바로 그거야. 그건 그때그때 달라요를 적당히 써먹으라는 거야."

"고객을 짜증나게 하는 것들에는 어떠한 것들이 있을까요?"

"그래, 오랜만에 성숙한 질문을 하는구먼. 왕초보가 이렇게 부드러워지니까 뭔가 좋은 일이 있을 것 같은 예감이 드는군"

"어제 얘기했죠. 마음에 없는 말은 하지 말자구요. 그게 서비스라면서요?"

"상대방의 마음을 알아주지 못하고 오해하는 것도 미치게 하는 일이야! 왕초보 정말 미워잉."

"피부들이 반란 일으키고 있어요. 어서 답변이나 하고 식사하시죠."

"그래 먹는 시간이 다가온다니 즐거운 일이구먼. 미국의 유명한 서비스 컨설턴트인 칼 알 브레이트는 고객을 어린이 취급을 한다거나, 규칙제일주의를 내세우는 일, 로봇처럼 행동하는 것, 무관심, 냉담, 발뺌, 무시하는 것들을 고객을 죽이는 7대 악이라고 규정했어."

"그럼 오늘 당장 고객을 죽이는 7가지 서비스 악을 마음으로부터 몰아내야겠군요. 한 방에 이단 옆차기로 묵사발 만들어 볼까요?"

"묵사발을 만들든 죽사발을 만들든 마음대로 하라구. 세계적으로 유명한 사회 교육프로그램에 참가한 적이 있는데 수강생들 대부분이 40대가 넘은, 사회에서 중요한 위치를 차지하고 있는 사람들이었지. 그런데 강사로 나온 사람이 너무 자기네 교육훈련 매뉴얼에만 의존하다 보니 메시지가 전달이 안 되고 식상감만 줄 뿐이었어."

"엄청 열 받았겠군요?"

"맞아, 얼마나 열 받았으면 내 열기에 참다 못해 옆 사람이 옷까지 벗더라니까."

"엄청 짜증났겠군요?"

"그 강사의 열정은 지금까지 내가 들어본 어떤 강좌에서도 보지 못했을 만큼 대단했으나 지나치게 교육 규칙에만 의존하다 보니 오히려 역효과가 난 것이지."

"그렇군요. 규칙에만 의존하다 보면 인간적인 정서를 잃게 되고 결국은 매뉴얼만을 외우는 인상을 주게 되죠. 그 강사는 상황에 맞게 유연하게 대처해 나갈 수 있는 열린 마음을 잃어버린 거군요."

파워 유머 기법

일주일 내내 웃는 방법은?

"월요일: 월래(원래)부터 웃는 날."

"화요일: 화딱지 나도 웃는 날."

"수요일: 수수하게 웃는 날."

"목요일: 목 터져라 웃는 날."

"금요일: 금방 웃고 또 웃는 날."

"토요일: 토실토실 웃는 날."

"일요일: 일단 웃고 보는 날."

1초 먼저 웃어 보세요. 그게 당신을 리더로 만들어 줄 거예요. 먼저 웃는다는 것은 상대를 존중하는 일이죠. 그리고 자신감을 나타내는 일이구요. 먼저 웃는 당신을 보며 상대방을 벽을 허물고 해방감을 느끼겠죠. 그러면 이미 당신이 이긴 거네요. 싸움을 하든 협상을 하든 세일즈를 하든 말이죠. 하여튼 웃는다는 것은 나를 강하게 만들어 준대요.

3. 이 곡이 무슨 곡이죠? 돼지고긴데유!

한 부부가 결혼 10주년 기념으로 한적한 레스토랑에 외식을 하러 갔다. 자식을 떼 놓고 오랜만에 레스토랑을 찾은 부부는 신혼 때의 기분을 떠올리며 오랜만에 기분을 낼 참이었다. 이들은 결혼 전 연애시절 즐겨먹던 돈가스를 시켜먹었는데, 음식보다 더 황홀하게 만드는 것이 있으니 바로 음악이었다. 잔잔하게 울려 퍼지는 곡에 취해서 아내는 할 말을 잊었다. 마침 웨이터가 다가오자 아내는 용기를 내어 물었다.

"저기, 저....."

"손님, 뭐 필요하신 게 있습니까? 말씀만 하세요."

"네 이 곡이 무슨 곡인지 알 수 있을까요?"

웨이터는 한심하다는 듯이 내뱉었다.

"돼지고긴데유."

"아니 선배님은 유머작가 같아요. 어떻게 그렇게 재미있는 이야기를 꾸밀 수 있죠?"

"실은 내 선배가 실제로 겪은 일이야!"

"실화군요."

"나중에 알고 보니 이 웨이터가 일부러 웃기려고 그랬다는 거야."

"그래요, 그 직원 참 대단한 유머감각을 갖고 있군요. 지금 어디에 근무하고 있나 우리가 스카웃 하면 어떨까요?"

"자, 꿈 깨고 오늘의 주제를 보자구. 오늘 공부할 내용이 바로 우뇌를 자극하라는 거야."

"왜 하필 우뇌죠?"

"어, 사람의 뇌는 좌뇌와 우뇌로 구분되는데 좌뇌는 수리, 논리 계산 등에 연결되어 있고, 우뇌는 감성과 언어 등 웃음과 울음 등 정서적인 것들과 관계가 되어있다는 거야."

"그러니 당연히 서비스 기업에서는 고객의 우뇌를 자극해야겠군요."

"두말하면 잔소리지."

"그럼 좌뇌는 언제 굴리면 좋을까요?"

"그야 당연히 고스톱 판이지."

"뭐라구요?"

"언제 '고' 해야 할지 '스톱' 해야 할지를 정확히 계산해야 돈을 딸 것 아닌가?"

"하긴 그 논리도 틀린 건 아니군요."

"21세기 서비스 사회를 감성소비시대라고 말하는 이유를 알겠지?"

"당연하죠. 감성하면 또 이 왕초보가 한몫 하잖아요"

"어떻게?"

"저는요, 필(Feel)이 꽂히지 않으면 물건이고 사람이고 가까이하지 않아요."

"그런 깊은 사연이 있었구만. 그래서 우리 사회는 이성 소비시대가 아니라 감성소비시대라고 부르는 거야."

"보세요. 바로 제가 대표적인 사례잖아요."

"맞아. 내가 선배로서 충분히 인정하지. 요즘 소비자는 오감을 통하여 생각하고 판단하기 때문에 이성적 호소보다는 감성적인 호소를 통하여 구매심리를 자극할 필요가 있다는 거지."

"고객의 우뇌를 감염시켜 나가야 한다는 이 말씀이신가요?"

"그렇고 말고. 일단 우뇌가 좋다고 흥분하면 그 고객은 우리 편이 되는 것이거든. 우뇌는 좌뇌보다 감염정도가 빠르며 주변 사람에게 간접적으로 감염시킬 확률이 크기 때문에 서비스맨들은 정서적으로 고객에게 접근할 필요가 있는거야."

"물론 옷차림이나 언어 등에 신경을 써야겠군요?"

"당연하지. 건물의 시설과 환경 분위기 서비스 절차 등 서비스와 관련된 조직의 요인들이 서비스 바이러스를 감염시킬 수 있는 최적의 조건을 갖고 시각적으로 어필할 수 있는 분위기를 만들어 나가야 한다는 거야."

"그럼 이렇게 해 보면 어떨까요?"

"이렇게 하다니?"

"서비스 기업은 바이러스를 생산하고 주변환경을 감염시킬 수 있는 공장이 되어야 한다."

"와, 완벽해. 이제 왕초보 딱지를 뗄 날도 얼마 안 남았는데. 오늘의 결론으로 그렇게 해두는 것이 좋겠어."

파워 유머 기법

어느 아파트 분양현장 사무실에서 있었던 일

"왜 아파트 이름을 어렵게 짓는 거죠?"

"그게 다 주부님을 위한 배려랍니다."

"배려라뇨?"

"그래야 시어머니가 자주 못 올 거 아닌가요?"

요즘 아파트는 정말 외우기도 힘들고 특히 나이든 분들에게는 외워도 쉽게 잊기 십상이죠. 분양사무실에서 이 같은 항의는 있을 수 있는 일이죠. 하지만 재치 있는 상담 직원의 유머 한 마디에 웃음이 터지고 오히려 더 친근감을 가졌을 것이 분명하네요. 협상이나 계약, 거래관계 혹은 세일즈 현장에서 어려움을 겪을 때 바로 상대의 우뇌를 자극해 보세요. 감성을 터치하는 일이 미사여구보다 효과 있을 거예요. 일단 유머로 문을 열면 나머지는 다 해결된 것 아닌가요?

4. 설렁탕을 팔지 말고 서비스를 팔아라

어느 식당에서 계산하는 아가씨를 두고 카운터에서 돈 받던 사장이 극찬을 했다.

"아가씨는 정말 마돈나이십니다."

"정말이죠?"

"그럼요. 왜 제가 손님께 거짓말을 하겠습니다. 아무리 보아도 아가씨는 마돈나이십니다."

"대단히 감사합니다. 이 식당 정말 맛도 좋고 분위기 끝내주는군요?"

"감사합니다 마돈나님. 마지막으로 돈 내고 나가시는 손님!"

"설사 유머 있는 인사라 해도 마돈나처럼 아름답다는 인사에 기분 나빠할 사람은 없겠죠?"

"물론이지. 적절한 유머를 사용한 칭찬은 고객과 가까워지는 비결이기도 하지. 그런데 왕초보는 남의 점포를 갈 때 어떠한 말을 가장 듣고 싶은가?"

"아무래도, 이 미모를 알아주면 그게 제일이죠."

"미모라, 그래 나도 그 미모를 극찬하고 싶어.... 하지만."

"하지만이라뇨?"

"글쎄, 제 눈에 안경이랄까 봐서."

"더 이상 듣고 싶지 않으니 오늘 주제를 찾아보죠."

"오늘은 설렁탕을 팔지 말고 서비스를 팔아야 한다는 거야."

"그럼 배를 쫄쫄 굶고 가겠군요?"

"아니지 오히려 배도 부르고 기분도 째지게 좋으니 그야말로 고객 유치의 비결일거야."

"물건만 팔지 말고 서비스를 확실히 팔아야 한다는 말이군요."

"빙고. 내가 단골로 가는 빵집에는 언제나 달콤한 빵 굽는 냄새로 나를 매료시켜. 언젠가 궁금해서 그 이유를 물으니 단순히 빵을 파는 것이 아니라 경험을 판다는 거야. 이 빵집에 방문했다는 경험을 오래도록 기억나게 만드는 일이 중요하다는 거지."

"그렇군요. 빵만으로는 부족하다. 향기로 매료시켜라. 그럴듯하군요."

"손님들이 다음에 빵을 사게 될 때는 향기 나는 추억을 떠올리게 하자는 것이 그 업소의 마케팅인 셈이지."

"빵을 파는 것이 아니라 즐겁고 기억에 남을 만한 경험을 팔라는 말이군요?"

"그 빵집 주인이야말로 서비스 가치가 얼마나 중요한가를 깨닫고 잘 실천하는 사람이라고 볼 수 있어. 요즘 마케팅에서 정서적 가치라는 말이 널리 쓰이고 있어. 고객이 공감하고 기억할 만한 정서적 가치를 창출하라는 것이지."

"고객은 단순히 상품에 대해서 얻는 것보다 정서적인 가치를 통해서 더 많은 서비스를 누리게 된다는 것이겠군요?"

"언젠가 과속으로 적발되어 파출소에 통지서를 갖고 방문했을 때의 일인데."

"아니, 고참 씨도 과속을 한다는 말예요? 이 차분하게만 보이는 서비스 9단이....."

"나도 열 받으면 물불 안 가리거든."

"무슨 일로 과속까지 해서 돈까지 버리고...."

"그게 다 여자 때문이지."

"여자 때문이라뇨?"

"글쎄, 예쁜 아가씨들이 윙크하면서 달리는데 웬 떡이냐 하며 쫓아가다 그만..."

"알 만하군요. 계속해 보세요."

"마침 스티커를 갖고 있는 직원이 순찰 중이라 무료하게 10분 정도는 기다려야 했어. 그런데 뜻하지 않게 자리를 지키고 있던 경찰 한 분이 야근을 했는지. 수염도 깎지 않은 피로한 상태에서 기다리게 해서 미안하다며 커피를 한잔 정성스럽게 서비스하는 것이 아닌가. 나는 그 순간 감동해서 어찌 할 바를 몰랐지. 순간적으로 그동안 경찰에 대해서 갖고 있던 부정적인 이미지를 떨쳐버릴 수 있었고 내 앞에 앉아 근무하는 경찰관이 입고 있는 제복이 그토록 따뜻하고 인상적일 수가 없었어."

"상상이 가네요. 높은 문턱으로만 여겼던 파출소에서 향기 나는 따뜻한 커피 한잔 서비스라..."

"그 날 괜히 기분 좋은 상태에서 하루를 보낼 수 있었지. 지금도 매스컴에서 부정과 연계되어 나오는 경찰에 대한 소식을 접할 때마다 그날의 따뜻함을 떠올리면 내 마음은 오히려 열심히 일하는 숨은 경찰관들이 더 많다는 위안감을 갖게 돼."

"결국 고객은 상품을 구매하는 것이 아니라 그 상품을 통해서 가치를 구매하는 것이라고 이해하면 되겠군요?"

"그래, 이제 제법이군. 이제는 신입사원 교육을 시켜도 되겠는걸."

"비행기 태우지 마세요. 벌써 멀미나네요."

"그래서 왕초보를 칭찬 못 하는 거야."

"그런 건 얼마든지 받아들일 수 있는데, 왜 칭찬을 못 한다는 거죠?"

"글쎄, 아마 멀미가 아니라 구토라도 하면 어찌하나 걱정이 앞서잖아. 남의 칭찬을 겸손하게 받아들이는 것도 서비스라는 것쯤은 알고 있지?"

"이제 그만 꼬세요."

"자 이제 정리해 보자구. 가치란 고객이 투자한 돈과 시간, 그리고 열정에 비례한다는 말이 있지? 외식의 경우 단순히 설렁탕을 구매하는 것이 아니라 설렁탕이라는 상품을 통해서 외식에 대한 즐거움, 여가, 휴식, 접대 등 부가가치를 느끼게 되는 것이야."

"그런 의미에서 오늘 점심은 설렁탕 어때요?"

"그래 그런데 누가 쏘나?"

"당연히 아침부터 설렁탕 이야기해서 군침 흘리게 했으니 고참 씨가 쏴야죠. 오늘 점심 땡잡았다."

파워 유머 기법

처음 주례를 보는 사람이 있었다. 얼마나 긴장했는지 한 달 전부터 미리 연습을 하고 예식장에 갔다. 그런데 신부를 보는 순간 눈이 휘둥그레지고 가슴이 뛰기 시작했다. 이렇게 예쁜 사람은 처음 보았기 때문이다. 허둥대다 그만 실수를 하고 말았다.

"신부는 죽을 때까지 이 주례를 사랑하겠는가?"

서비스해야 할 사람이 넋을 잃으면 이 꼴이 되겠죠. 특히 계약을 앞둔 세일즈맨에게는 치명적일 수가 있어요. 때로는 한 번의 실수가 큰 계약을 망칠 수도 있구요. 그런데 이 주례사는 멋지게 이 위기를 반전시켰대요. 하객들이 낄낄 대고 웃자, 그는 재치 있게 이렇게 처신했대요.

"보십시오. 신부는 대답을 안 했지요. 이는 오직 신랑만을 사랑한다는 증거가 아닐까요?"

여러분도 유머로 무장하세요. 유머는 위기를 기회로 만들어 주고 당신의 약점을 오히려 빛나게 할 수 있습니다. 유머가 때로는 최고의 서비스가 될 수 있을 테니까요.

5. 구렁이가 되라는 거군요

"여기 좀 보세요!"

"네 손님 뭐 도와드릴 일이라도?"

"어떻게 먹는 음식 속에 반지가 들어있을 수 있죠? 음식 속에 이물질이 들어 있으면 행정처분 대상인 거 아시죠?"

이때 주방에서 여직원이 뛰어나오면서 외쳤다.

"어머, 그거 서비스로 드린 건데. 싫으면 다시 주세요."

"왕초보야, 지금 레스토랑에서 맛있게 식사를 하고 있다고 가정해 봐. 깍두기가 너무 맛있어서 벌써 그릇을 다 비웠다고 상상해봐."

"웬 아침부터 깍두기 말을 해서 침 흘리게 하세요. 아마 내가 깍두기 킬러라는 것쯤은 알고 계시겠죠?"

"그래 알고 말고. 어제 설렁탕집에서 진가를 발휘했잖아."

"그런데 왜 아침부터 깍두기 얘기죠?"

"그래 들어보라구. 아직도 식사를 마치려면 멀었는데 이때에 종업원이 약삭빠르게 달려와 '어머 손님 깍두기를 참 맛있게 드시네요. 잠시 기다리세요. 더 갖다 드리겠습니다.' 하고 응대하면, 이것은 서비스일까 심부름일까?"

"당연히 서비스죠."

"하지만 지나다니는 종업원 어느 누구도 관심을 보이지 않았어. 그래서 직원에게 깍두기 좀 더 달라고 부탁했고, 그 직원은 깍두기를 갖다 줬다면.....?"

"당연히 심부름한 거죠."

"그럼 왕초보는 서비스 받고 싶은가, 심부름 시키고 싶은가?"

"그걸 뭘 물어봐요. 두말하면 잔소리죠."

"바로 그거야. 고객의 주문에 응하는 것은 심부름이지, 서비스가 아니라는 거. 먼저 알아서 주는 것이 서비스라는 거야."

"그러면 어제 우리가 갔던 설렁탕집에서도 그 직원들은 심부름한 것이군요?"

"그렇고 말고."

"그러면 심부름을 하지 않고 서비스를 하는 방법에는 무엇이 있을까요?"

"무엇보다도 서비스맨이 갖추어야 할 조건 중의 하나가 센스 있는 행동이야. 감각을 잃게 되면 고객을 지루하게 만들고 결국은 서비스의 질을 떨어뜨리게 된다구. 민첩한 행동, 센스 있는 처신, 이것이 고객응대의 기본이지. 그러나 서비스맨의 센스는 머리에서 나오는 것이 아니라 현장경험과 풍부한 실무에서 나오는 것을 알아야 돼. 단지 머리에서 나오는 센스는 임기응변일 수 있으니까."

"따라서 충분한 현장 경험을 통한 감각을 익혀 나가는 것이 중요하군요?"

"그런 면에서 볼 때 왕초보는 진짜 초보란 말야."

"아니 언제는 비행기 태우고 이제 와서는 흔들기죠?"

"그래, 흔드는 것은 소화되라는 거야."

"칭찬에 도취되면 더 이상 발전을 기대할 수 없거든. 이봐 왕초보가 갈 길은 산 넘어 산이 기다리고 있다는 것 명심하라구."

"구렁이가 되라는 말이군요?"

"그보다 더한 능구렁이가 되어야 해. 훌륭한 서비스맨은 고객의 눈빛만 보아도 무엇을 요구하는지 쉽게 알 수 있거든. 그러기 위해서는 부단한 연습과 자기 학습이 필요하단 말야."

"알아모시겠습니다. 서비스 각하!"

"그거야말로 나를 비행기 태우는 거야. 메스꺼우니까 이제 그만해."

"이제는 소화제도 준비해야겠군요?"

"지금 병 주고 약주는 거야?"

"아뇨. 병만 주는 건데요."

"이제 그만 좀 해. 빨리 끝내고 다음 일 하자구. 예를 들어 소비자의 입맛을 파악하는 것도 그래."

"그렇죠. 어제 식당에서도 느낀 거 아닌가요?"

"과거에는 식당을 단지 먹기 위해서 방문했으나 이제는 식당이라는 개념이 먹고, 마시고, 대화하고, 즐기는 문화공간으로 그 의미가 바뀌고 있거든. 과거에는 단지 입으로 음식을 먹었으나 이제는 눈, 코, 귀로 음식을 먹고 즐기며 느낀다는 거야."

"당연히 입으로만 음식을 먹던 시대와는 센스를 달리해야 한다는 거죠?"

"이제는 심부름이나 하는 직원은 퇴출되어야 해."

"고객이 원하는 것을 미리 알아서 모시는 것, 이게 진정한 서비스라는 거야. 센스 있는 판단, 센스 있는 행동이 서비스 수준을 향상해 나가는 비결이니까."

파워 유머 기법

"가장 무서운 소는?"

"무섭소."

"가장 말을 잘 듣는 소는?"

"알았소."

"가장 아름다운 소는?"

"미소."

미소는 전염된다고 하죠. 아빠가 웃으면 아이들이 따라 웃는 것은 단지 재미있어서 아니래요. 그만큼 서로의 마음을 열어주는 전염요소가 있다고 하네요. 그래서 가장 아름다운 소는 미소가 아닐까요? 당신은 무섭소가 되고 싶은가요, 미소가 되고 싶은가요? 고객에게 다가갈 때 미소로 무장해 보세요. 그것이 최고의 전략이 될 테니까요.

6. 화장실은 우리 모두 얼굴이라

"화장실 서비스가 사실은 큰 문제죠?"

"그건 문제 정도가 아냐. 어느 기업이나 가정을 방문하든 화장실을 보면 그 기업이나 종사원들이 고객을 어떻게 대하는가 하는 수준을 알 수 있다고 하잖아."

"정말 그래요. 가정의 화장실 상태는 그 집안 모두의 문화 수준을 말해주는 거구요."

"사실은 고객을 실망시키는 것은 핵심 서비스뿐 아니라 화장실이나 주차장, 간판, 신발장과 같은 주변적인 서비스에 원인인 것이 대부분이야."

"이게 바로 시설 서비스라는 거죠?"

"바로 그거야. 앞에서 말했지만 이제는 감성의 시대이거든. 소비자의 감성을 자극하는 것은 사람에 의한 서비스만으로는 턱없이 부족하다는 거야."

"요즘은 은행이 마치 커피숍이나 대기업의 휴게실처럼 꾸민 곳이 많더군요. 그게 다 고객의 감성의 자극하기 위한 것이군요."

"음식을 맛있게 먹고 나오다가 지저분한 화장실을 보게 된다면 맛있게 먹었던 음식이 무슨 가치가 있겠어?"

"말없이 고객에게 속삭이는 시설 인테리어를 잘 관리하는 것이 직원의 인사나 그 어떤 외침보다도 중요하다는 것을 알아야 해."

"저는 우리 회사에 면접을 보러 왔을 때 정말 놀란 게 있었어요."

"뭔데 혹시 나를 보고 멋있어서 놀란 건 아니겠지?"

"그런 꿈은 빨리 깨는 게 건강에 도움이 되겠군요. 제발 꿈 깨세요."

"그럼 뭣 때문에 놀란 거야?"

"바로 오늘 얘기하는 화장실이 너무 깨끗해서 일을 보지 못할 만큼....."

"사장님 방침이 뭔지 아나? 직원들의 실수는 용납해도 화장실이 지저분한 것은 절대 용납할 수 없다는 거야. 화장실은 우리 모두의 얼굴이라는 철학이 있으셔."

"매일 고객을 대하는 사람들의 얼굴이라!"

"그만큼 시설물을 관리하는 데 있어서 화장실을 깨끗이 하는 것이 서비스의 첫 걸음이라는 거지. 지방에 있는 안압정 레스토랑은 여직원들의 립스틱 색상도 통일되어 있어 놀란 적이 있어. 출근하면 모두 회사에서 공급하는 립스틱으로 화장을 다시 해야 하기 때문이지. 고객서비스에 통일성을 기하기 위해서라는 거야."

"대단한 서비스 철학을 갖고 있군요?"

"서비스 매장에서의 직원은 마치 움직이는 인테리어와 같다는 것이 그 업소 측의 주장이야. 변방이 무너지면 전투에서의 패인이 되듯이 고객서비스에서도 변방관리를 단단히 할 필요가 있다는 것을 새삼 느끼게 하더군."

"그렇다면 변방관리에는 무엇이 있나요?"

"그래, 사람 이외의 눈에 보이는 인테리어적인 요소, 예를 들어 소음, 조명, 색상, 동선, 그림, 유니폼 색상, 테이블 배치, 화장실, 주차시설, 간판, 가격표 등 물리적인 시설환경에 따라서 고객의 만족도는 달라질 수 있다고 볼 수 있지."

"사실이지. 그런 것들이 말없는 서비스가 되죠."

"고객이 느끼는 만족감은 상품의 품질 외에도 편의성, 쾌적성, 안정성 등 심리적인 기분을 느끼게 하는 요인들이 중요하다는 점을 명심하라구."

"고객을 실망시키는 일은 아주 작은 것에서부터 시작될 수 있다는 얘기군요?"

"바로 그거야. 최소율의 법칙이라는 게 있어. 생쥐 한 마리가 전체 매장을 망친다는 거지."

"혹시, 뛰어난 시설 설비를 해 본 회사를 가 볼 수는 없을까요?"

"주변에 많지. 우선 우리 회사 앞에 있는 햄버거 가게를 가 보자구."

두 사람은 갑자기 회사 앞에 있는 햄버거 가게에 갔다.

"어서 오십시오. 두 분이십니까? 제가 친절히 모시겠습니다. 이쪽으로 오세요."

"왜 갑자기 이리로 왔죠?"

"혹시 고참 씨 오늘 아침 안 먹은 것 맞죠?"

"그래, 때도 됐고. 이 매장이 매우 인상적인 시설을 꾸미고 있어. 둘러보라구."

"뭐가 뛰어나다는 거죠?"

"응, 고객을 위한 테마매장으로 꾸며 고객으로 부터 인기를 끌고 있다는 거지. 자 둘러 보라구. Music, Movie, Sports, Automobile의 네 가지 테마로 매장을 꾸며 고객으로 다시 방문하고 싶은 충동을 느끼게 하잖아."

"정말이지 맛과 멋의 조화군요?"

"이 매장은 고객이 구매하는 상품이라는 가치가 단지 햄버거에만 있지 않다는 것을 잘 알고 이를 실천해 나가는 업소라고 볼 수 있어."

파워 유머 기법

당신에게 유머가 필요한 이유는?

- 사람을 모이게 한다.
- 친근감을 준다.
- 협상력을 높인다.
- 사람들과의 갈등을 쉽게 해소한다.
- 일을 즐기게 한다.
- 분위기를 리드하게 해준다.
- 스트레스를 줄인다.
- 약점을 감춰준다.

유머는 제6의 감각이라는 말이 있죠. 보험을 팔러 나가시나요? 자동차를 팔러 나가신다구요. 그러면 보험이나 자동차 이야기를 꺼내지 마세요. 그날 어울리는 유머를 준비해서 나가세요. 유머는 당신을 성공으로 이끌어 줄 거예요. 백만마디 말보다 유머 한 방이 효과적일 때가 있거든요. 유머는 당신을 한없이 돋보이게 하는 마력이 있어요. 유머가 해결사가 되는 경우는 인생을 살면서 얼마든지 체험할 수 있죠.

7. 방귀는 타이밍을 잡아야 성공이야

영업 회의를 하는 어느 점포에서 심각하게 난상 토론이 벌어졌다. 고객의 소리 업무를 담당하는 김 대리는 한 달간의 고객의 불평 불만을 정리하여 윗사람에게 보고하고 고객서비스 대책을 논의하기로 했었다.

그런데 갑자기 김대리의 배가 뒤틀리면서 연달아 방귀가 나올 것만 같았다. 더 이상 참을 수 없게 된 김 대리는 묘책을 강구하기로 했는데, 큰 소리로 설명하는 순간에 방귀를 뀌는 것이었다.

계획대로 큰 소리로 고객들의 불만사항을 얘기하며 시원스럽게 방귀를 뀌었는데, 갑자기 사장이 하는 말 "다시 한번 말해 보게, 방귀소리 때문에 못 알아 들었거든."

"참으로 타이밍이 정확한 시점에 유머가 나왔군요."

"오히려 김대리는 사장의 적절한 유머 덕분으로 방귀도 시원스레 뀌고 웃음까지 선물했으니 분위기를 리드할 수 있었지."

"타이밍(Timing)이 적절하여야 한다는 말이 있죠?"

"하지만 이 말은 서비스 업계에서는 어울리지 않는다네."

"그럼요....?"

"시간은 정확해야 한다는 거야. 그게 바로 생명이거든."

"서비스 업계에서 적절해야 하는 것과는 정확해야 하는 것은 천지 차이가 있다는 말인가요?"

"특히 오늘날의 고객의 생활 스타일이 개성화되어 가면서 시간 관리가 서비스 질의 척도가 되고 있잖아. 예를 들어 식당에서 음식을 주문하고서 '5분만 기다리십시오. 5분 후에 음식이 나옵니다.'라고 종업원이 말했다면 그것은 고객과의 약속이지. 종업원 한 개인으로서가 아니라 그 회사의 이름으로 한 약속이기 때문에 만약 5분 만에 음식이 배달되지 못한다면 그 식당의 서비스 개념은 0점이 되고 마는 거야."

"대신 덤으로 뭘 주면 어떨까요?"

"이미 신뢰감이 깨졌는데 덤을 주면 뭘 하나. 또한 5분 후에 음식이 아무리 맛있게 나왔다 하더라도 그 음식의 서비스는 빛을 잃게 된다고 볼 수 있어."

"그럼 도미노피자가.....?"

"바로 그거야. 고객에 대한 시간약속을 철저히 지킴으로써 오늘날 세계적인 기업이 된 도미노피자의 사례가 이를 잘 뒷받침해주지."

"30분 안에 배달하지 못하면 요금을 받지 않는다는 서비스 약속이죠?"

"피자 주문 시 어디든지, 30분 이내에 배달됩니다. 만약 늦으면 요금을 받지 않습니다. 이런 고객에 대한 서비스 타이밍을 잘 지켜온 것이 도미노의 생존전략이야."

"고객에게 한 약속은 하늘이 두 쪽 나도 지켜라!"

"동사무소에 들러 팩스 민원서류를 신청했을 때의 일인데. 보통 팩스 민원서류는 4시간이 지나야 가능하니 4시간 후에 오라는 것이 있어. 다른 일정을 미루고 4시간 후에 동사무소에 도착했으나 아직 준비가 되어있지 않았다고 말하더군."

"그래서 열 받았겠군요?"

"이제 본격적인 전공을 살린 거지."

"분명, 뒤집어 놨겠군요?"

"이봐, 차분히 들어 보기나 해. 호적등본 주문한 ○○○인데요."

"아직 도착이 안 되었으니 기다리세요."

"왜 늦었는지. 얼마나 기다려야 하는지 설명은커녕 무작정 기다리라니.... 다시 한번 되물었으나 귀찮다는 듯이 키보드만 두들기고 있는 게 아닌가?"

"그래서 혈압이 어느 정도까지 올라갔죠?"

"갑자기 또 무슨 혈압야?"

"열 받았으니 당연히 혈압이 오를 것 아닌가요?"

"이봐 초짜야. 나는 열 받아도 혈압은 오르지 않아."

"그게 정상이라고 말하세요?"

"바로 그게 왕초보하고 서비스 9단인 나하고의 차이점이야!"

"화내는 것도 자랑이라고 급수를 말하는군요?"

"그래. 왕초보처럼 사소한 일에 흥분하고 뒷목 땡기는 그런 사람은 아니니 걱정 붙들어 매 놔."

"자 빨리 마무리 짓고 퇴근하죠?"

"오늘 주제는 시간관념이 없는 사람은 서비스 업계에 종사하지 말라는 말이야. 시간은 약속이며 상품이며 서비스의 품질이기 때문이지."

"고객과의 시간 약속은 신중을 기하되 일단 한 약속은 반드시 실천할 수 있어야 한다는 말이군요."

"바로 그거야."

"그럼 빨리 가봐야겠어요."

"뭘 마무리도 않고 어딜 가?"

"나도 약속을 해 놨거든요. 시간 관념이 없는 사람은 서비스 업계에 종사하지 말라는 선배님 충고 고마워요. 안녕."

파워 유머 기법

"가장 별 볼일 없는 날은?"

"직장에서 쫓겨난 날 아닐까?"

"마누라에게 얻어맞은 날이겠지."

"아니야, 아니야."

유머감각을 키우는 방법에는 세 가지가 있어요. 우선 타이밍(Timing)이 맞아야 하죠. 둘째는 장소(Place)가 적합해야 되고요. 그리고 셋째는 상황(Occasion)이 맞아 떨어져야 해요. 그래서 TPO기법이라고 한대요. 유머를 했는데 아무도 웃지 않아 썰렁한 경우를 겪은 적이 있나요? 아마 이 셋 중에 한 가지가 원인일 수 있겠군요. 태어나면서 유머감각이 뛰어난 사람은 없다고 해요. 훌륭한 유머리스트는 대부분 학습에 의하여 노력으로 일군 사람이래요. 찰리 채플린은 다섯 살 때 아버지가 알코올 중독으로 돌아가시고 그 뒤 어머니마저 미쳤다고 그래요. 이 어려운 환경을 이겨낸 것이 웃음이고 유머였다고 하죠. 링컨도 어려운 환경을 유머로 극복한 사람 중 한 사람이죠. 링컨은 우리에게 이렇게 말해요. "내가 웃지 않았다면 나는 이미 죽었다. 여러분도 웃음이라는 약을 먹어보세요."

8. 첫인상은 두 번 줄 수 없다

한국인의 표정을 연구하는 사람이 내린 결론이다.

"한국 사람의 표정은 무엇인지 압니까?"

"글쎄요. 마음은 착한데...."

"악어의 표정이랍니다."

"왜 하필 악어죠?"

"둘 다 표정을 읽을 수가 없잖아요."

"우리 왕초보는 예쁜 얼굴일까, 미운 얼굴일까?"

"당연히 주변에서 예쁜 얼굴이라고들 말하죠. 선배님도 그렇게 생각하지 않나요?"

"세상에는 오직 두 종류의 얼굴만 있어."

"남자와 여자요?"

"아니 웃는 얼굴과 웃지 않는 얼굴 말야."

"그럼 이 예쁜 얼굴은 어찌 할꼬. 지금까지 투자한 게 얼마인데. 오호통재라. 살결이 터지게 슬프구나!"

"그렇게 슬프면 내일부터 아침에 출근하기 전에 거울보고 웃는 것부터 연습하라구. 그거야말로 진짜 화장이야."

"그런데 아침부터 갑자기 얼굴 얘기죠? 혹시 사모님이 얼굴을 뜯어 고치기라도 했나요?"

"그게 아니라. 고객과의 만남을 소중히 하라는 거야. 거래는 만남을 통해서 이루어지지. 만남의 순간, 첫인상을 좋게 하는 것이야말로 서비스의 테크닉이요, 예술이라고 볼 수 있어."

"오 마이 예술, 신이시어 어찌 나를 예술에, 약하게 만들었나이까!"

"그래서 첫인상은 두 번 줄 수 없다는 거야. 고객은 심리적으로 기분 좋은 일보다는 기분 나쁜 일을 오래 기억한다는거 알지?"

"알다마다요. 그 자식 한번 만나기만 하면 묵사발을 만들고 말테다!"

"그 자식이 누군지 모르지만 일찍 떠난 게 참 다행이다 싶군."

"지금 뭐라 했어요. 정말 염장 지르기예요?"

"자 진정하고 교육이나 받아봐. 내가 살고 있는 동네에 큰 횟집이 오픈했어. 외부에서 볼 때 인테리어가 화려해 보이고 꽤나 많은 차들이 주차되어 있는 것으로 보아 고급스러운 느낌이 들었지. 어느 날 가족과 함께 그 집에서 외식을 했을 때 두 번 다시 방문할 곳이 아니라는 생각이 들었어."

"짠돌이가 꽤나 비싼 집에 들어가서 놀랐나 보군요?"

"그게 아니라 그 집은 비싼 회를 주문하는 고객을 중심으로 서비스가 이루어지고 있더라구."

"그래서요?"

"간단히 식사나 하고자 들른 고객은 불쾌감마저 느낄 정도였어. 앉자마자 비싼 메뉴를 강권하듯 하더니 탕을 시키자 안색이 달라져 보이는 레스토랑을 누가 다시 찾을 수 있겠어."

"그 심정 이해해요. 유난히 싼 것만 찾는 선배님, 상상만 해도 오죽했으랴 싶군요."

"오늘은 탕을 먹지만 언젠가는 더 많은 매출을 올릴 수 있는 것이 식당 손님이 아니겠어. 고객의 이러한 특성을 무시하고 당장 돈벌이에만 눈이 먼다면 결과적으로는 고객으로부터 외면 당하고 말 것이라구."

"그래서 정말 문 닫았나요?"

"그래서인지 6개월 정도가 지나기 시작하면서 메뉴를 바꾸기 시작하고 별의별 궁여지책을 쓰는 것으로 보아 역시 고객에 대한 첫인상이 얼마나 중요한 것인가를 실감나게 하더군."

"아마 그 사장이 첫인상의 법칙을 배웠더라면...."

"물론이지. 지금도 그 레스토랑 주변을 지날 때마다 첫 번째 느꼈던 첫인상은 쉽게 지워지지 않아."

"그게 바로 고객의 심리인 것 같아요."

"서비스업계에서는 고객과 직원의 만남이 이루어지는 접점을 15초라 부르고 이 순간이 첫인상과 서비스의 질을 결정짓는 진실의 순간이라 하고 있어."

"아니 15초 안에 뭐가 다 이루어진다는 건가요?"

"얀 칼슨은 39세에 부도 직전의 SAS항공사 회장으로 취임하면서 고객과의 접점관리를 제대로 하여 SAS항공사는 고객으로부터 인정받은 우수 기업으로 성장하였지."

"그래서 부도우기를 세계적인 기업으로 만든 얀 칼슨이 유명한 사람이 되었군요."

"최근에 한 여론조사 기관에서 전 국민 6,000명을 대상으로 우리 국민이 시급히 해결해야 할 과제가 무엇이냐고 묻는 질문에 1위는 '먼저 웃으며 인사하기'로 나타났다는 뉴스를 들은 적이 있어."

"그래요? 그렇다면 이것이야말로 국제화 시대의 이미지, 표정관리의 중요성을 나타내 주는 메시지로 받아들여야겠군요."

파워 유머 기법

"암이라는 단어가 어떻게 생겼는지 아나?"

"글쎄요?"

"암암리에 생긴다고 해서 아닐까요?"

"어떤 사람이 암에 걸렸는데, 막 울다가 기도를 했데요. 신이시여! 이 땅에 정말 고치지 못할 불치병이 있습니까? 그랬더니 신이 하는 말이…"

"뭐라 했대요?"

"암."

암의 원인은 뭐라 하죠? 그렇죠, 스트레스 때문이라고 해요. 물론 다른 원인도 있겠지만. 그렇다면 암의 천적은 뭘까요? 바로 웃음이라고 하네요. 웃음은 암세포도 죽인다고 해요. 이미 의학적으로 입증이 된 사실이구요. 웃음이 암세포도 죽인다는데 오늘 만나는 고객을 내 편으로 만들고 계약을 성사시키는 일, 이보다 쉬운 일이 어디 있겠어요. 그래서 웃음을 신이 준 선물이라고 하나봐요. 그런데 웃지 않는 사람에게 그 선물이 무슨 소용이 있을까요?

9. 코미디언을 죽이는 건 한 번의 하품이야

감기 환자 한 분이 병원에서 주사를 맞고 나서 따졌다.

"아니, 감기 주사 한 방에 이렇게 비싸단 말인가요?"

환자의 말을 듣고 있던 간호사가 점잖게 한 마디했다.

"그럼, 여러 번 찔러 드릴까요?"

"왕초보야, 말을 잘하는 사람들의 특성이 무엇인지 아나?"

"글쎄요, 참으로 어려운 질문이군요."

"말을 잘하는 사람은 남의 말을 잘 경청하는 사람이야."

"그렇군요. 저도 제 말을 잘 들어 주는 사람에게 마음을 열게 되더라구요."

"정말, 그럼 왜 여태까지 나에게는 마음을 열지 않지?"

"구렁이 눈 그만 굴리고 교육이나 시작하죠."

"오늘의 주제는 경청이야. 병원을 찾는 환자들이 훌륭한 의사라고 칭찬하는 의사를 보면 모두가 환자의 고통을 들어주는 사람들인 거 알지?"

"들어 주는 것만으로도 훌륭한 의사소리를 듣는다면 그거 참 쉽군요."

"평소에 위염 증세가 있어서 지난 여름방학에 동네 의원을 찾아간 적이 있어. 병원 가기를 꺼려하는 나로서는 단지 1분 정도 의사와 대면하고 약이나 타오는 정도로 생각했지. 그런데 그 병원은 다른 병원에 비하여 환자들이 줄서서 기다리고 있는 거야."

"정말 명의였나요?"

"의사와 면담하는 순간 왜 사람들이 이토록 많이 몰려오는가를 깨달을 수 있었어. 담당의사는 일방적으로 말하지 않고 환자의 이야기를 빠짐없이 기록하며 들어주는 거야."

"세상에 그렇게 착한....."

"환자의 더 큰 고통은 말 한마디 못하고 권위적인 의사 앞에서 일방적으로 이야기를 듣는 데 있다고 하잖아. 똑같은 약을 처방해도 자신의 고통을 들어주고 마음놓고 이야기하도록 유도하는 의사가 병을 더 쉽게 낫게 한다는 것은 누구보다도 의사들 자신이 잘 알고 있을 텐데 말야."

"그래요. 언젠가 심리서적을 읽다 보니 환자의 말을 들어주는 것은 심리적 불안감, 병에 대한 두려움을 덜어내 주고, 정성껏 귀담아 들어주는 의사 앞에서 모든 것이 치유되는 느낌이 든다는 거래요."

"요점은 그 느낌이 병을 낫게 한다는 거야."

"그래요 저도 요즘 실감나는 일이 있어요."

"그게 뭔데?"

"제 말을 잘 들어 주는 사람을 만났거든요?"

"그래, 축하해. 그런데 그놈이 누구야?"

"누구긴, 바로 당신 고참 씨지!"

"그럼 내가 왕초보 말을 따뜻하게 귀담아 들어줬다는 말인가?"

"그럼요."

"그래용. 오랜만에 반가운 소리를 들어 보는군."

"한 가지 부탁이 있는데....."

"응, 뭐든 말해 봐. 왕초보가 말하는 것이라면 뭐든지 들어 주지."

"사실, 오늘 스파케티가 먹고 싶거든요?"

"집어치워, 교육이나 하자구. 말을 많이 하면 할수록 고객은 신뢰감을 잃는다는 말도 귀담아봄 직해. 모 회사에서는 간부회의가 끝나고 나면 간부들이 줄지어 사장실 앞에 대기하느라 분주하다고 하잖아. 회의 중에 직원들에게 발언할 기회를 주지 않고 사장 혼자만 처음부터 떠들어대기 때문이지."

"참 웃기는 사장이군요."

"듣는 자세가 얼마나 중요한가를 깨달았다면 업무의 효율성 향상은 물론 회의도 보다 유익했을 것이 틀림없었겠지."

"참으로 말이라는 것이 어려워요. 그렇지 않아요?"

"그래서 말은 부족해도 문제지만 지나쳐도 효과를 발휘하지 못한다잖아.

그러나 말을 많이 하려고 하기보다도 가능한 한 상대방이 말을 많이 하도록 여건을 조성하는 것이 중요해. 특히, 클레임을 요구하는 고객 앞에서 이야기를 많이 하려드는 것은 문제를 악화시킬 수도 있다는 것, 서비스맨들은 반드시 명심해야 돼."

"그런데 123화법이라는 게 뭔가요?"

" 123화법이란 나의 이야기는 1분 이내에 끝내고 상대방이 2분 이상 이야기하도록 분위기를 유도하며 3번 이상 맞장구쳐서 공감대를 이끌어내는 대화기법이야."

"그럼 그동안 내가 구사한 것이 123화법이었단 말인가?"

"꿈 깨, 이 수다쟁이야. 왕초보 당신은 아마 321화법일 게 틀림없어."

"그러지 마세요. 이래 봐도 고참 씨의 애제자인데....."

"그래 그렇다면 내가 받아 주지. 자 이제 마무리를 지어 볼까? 듣는 자세가 뛰어나면 어떠한 협상이나 문제도 쉽게 풀어 갈 수 있다는 거야."

"화난 고객을 대할 때도 성의껏 들어주는 것만으로도 상대방을 진정시키고 내 편으로 만들 수 있다면...."

"그거 당연한 일이지. 코미디언을 죽이는 방법은 하품 한 번이면 족하다라는 말이 있지."

"와, 명언이네요"

"그만큼 듣는 자세가 중요하다는 것을 말하는 거야."

"어휴, 오늘 교육은 대단히 성과가 있었어요."

"그래? 어떤 면에서 그렇지?"

"아까 얘기 했잖아요. 스파케티 사달라구요?"

"알았어. 그까짓 것 스파케티가 문제야?"

"그럼, 뭐가 문제인데요?"

"돈이 문제지!"

파워 유머 기법

"만인은 고객 앞에 평등하다."

"무슨 소리야, 나는 사장이야."

"그러니 평등하단 말이죠."

"그게 무슨 말투야!"

"고객을 대하는 사람이 곧 대표라는 말도 모르세요?"

고객에게 중요한 사람은 누구일까요? 사장일까요? 지배인일까요? 고객에게 중요한 사람은 자신을 대하는 사람이죠. 고객에게는 사장이 중요한 게 아니라 자신에게 서비스하는 직원이 곧 그 기업의 대표자니까요. 호텔에서 가서 식사할 때 사장이나 이사가 나와서 인사하고 서빙하던가요? 그러므로 일선에서 고객을 만나고 상담하고 세일즈 하는 사람이 곧 그 기업의 사장이나 다름없대요. 고객을 만나는 사람이 그 회사의 얼굴이니까요. 그런데 그 직원의 말 한마디가 얼마나 중요하겠어요.

10. 친절하지 못한 놈은 능력이 없는 놈이야

어느 백화점에서 아침 조회 시간에 지배인은 판매직원을 모아 놓고 특별 당부를 했다.

"오늘은 더 따뜻한 표정과 친절을 팔아야 합니다."

"왜요. 본부에서 감사라도 나오나요?"

"다 아시잖아요. 오늘은 재고 처분하는 날이라는 것을..."

"왕초보는 친절의 가장 큰 장점이 무엇인지 아나?"

"믿음을 주는 거 아닌가요?"

"그도 그렇지만 친절을 베푸는 사람의 단점을 없애 준다는 거야. 위에서 읽은 대로 비록 재고상품을 취급하지만 친절로 무장하면 재고라는 이미지를 잊어버리고 구매하기 쉽다는 거지."

"그러고 보니 친절이야말로 무기군요?"

"무기 이상이라고 봐야돼. 이제 친절은 단순히 부드러운 것 혹은 상대를 편안하게 하는 정도의 문제가 아니야. 죽고 사느냐의 경쟁의 문제지. 세계화 시대가 열리면서 국제 매너 친절은 이제 상품의 품질보다 중요한 경쟁 수단이기 때문이야."

"누가 아니래요. 친절이 얼마나 중요한지를 실제로 경험한 사례가 있어요."

"그럼 오늘은 왕초보의 사례를 들어 볼까?"

"감히 제가 어떻게 번데기...."

"뭐야, 이 친구야 내가 번데기라는 거야!"

"구렁이보다는 좋아할 줄 알았는데."

"하여튼 이야기나 해봐."

"그래요, 번데기님. 제가 살고 있는 아파트 상가에 슈퍼 주인이 바뀌었어요. 명태(명예퇴직) 당한 분이 틀림없었죠. 그런데 그렇게 위치가 좋은 가게임에도 불구하고 손님들은 어렵게 지하에 있는 가게를 이용하더라구요."

"가격이 쌌나?"

"그게 아니고요. 문제는 슈퍼 주인의 불친절 때문이었어요. 손님에 대한 배려는커녕 다시 안 볼 것처럼 차갑게 대하는 가게를 두 번 다시 찾고 싶은 사람이 어디 있겠어요?"

"그래서?"

"결국 그 슈퍼는 6개월도 못 버티고 또 주인이 바뀌더라구요."

"그게 바로 친절의 힘이야."

"그런데 이번에 바뀐 주인은 너무나 대조적일 만큼 부드럽고 상냥하여 지하까지 내려갔던 사람들의 발길을 돌려놓았어요."

"결국 슈퍼 경영을 죽이고 살리는 문제는 제품의 품질이나 가격이 아니라 친절이었다는 얘기군."

"왜, 이 초짜의 설명이 실감이 안나나요?"

"너무 실감나. 결국 고객을 대하는 매너, 따뜻한 관심, 친절한 말씨 같은 지극히 도덕적이고 상식적인 문제가 기업의 운명을 결정하는 거야."

"저는요, 그 슈퍼의 경우를 보면서 친절은 이제 경쟁력이요, 전략이며 때로는 생존의 문제라고 뼈저리게 느꼈어요."

"그래서 친절은 문화의 척도를 나타내고, 상품 가치를 높여 주며, 전략이라는 평범한 논리를 되새겨 보자는 거야."

"매장에서 직원들이 더 친절해지기 위해서는 어떠한 방법이 있을까요?"

"사장님이 항상 강조하는 사항인데, 친절 바이러스를 감염시키라는 거야."

"누가 누구에게...."

"서로가 서로에게, 이게 공식이야."

"동료끼리, 상사와 부하직원 간에 모든 구성원이 서로에게 친절을 베푸는 풍토를 만들어 나가는 것이 비결이야. 열등감이 있고 동료직원과의 불화나 지나친 경쟁의식에 사로잡혀 있는 사람은 친절을 선보일 수 없는 이유가 바로 여기에 있는거야."

"친절은 자신감과 적극적인 태도에서 나오기 때문이군요?"

"바로 그거야. 우리 사장님의 방침이 뭔지 아나? 절대 학력이나 학점을 보고 직원을 채용하지 않는다는 거야."

"아, 그래서 나처럼 예쁜 미모를 보고 채용하는 군요?"

"제발 꿈 좀 깨라 이 초짜야. 아침부터 웬 공주병 증세야!"

"그럼 뭐예요?"

"친절하지 못한 놈은 능력이 없는 놈이라는 것이 사장님의 철학이야."

"친절이 곧 능력이라는 말이군요?"

"맞아, 결국 모자라는 사람이 불친절하다는 게 사장님의 소신이거든. 친절은 능력의 표현이며 자신감을 의미하는 메시지이기 때문이라는 거지."

"친절의 위력은 대단하군요?"

"비단 서비스 업계에서뿐이 아니야. 세상살이에서 친절이 곧 경쟁력이라는 것을 갈수록 느끼게 돼."

"오늘부터 더 친절하기 위해 노력해야겠어요. 이 미모에 친절까지 겹치면 고객 중에 작업 들어오는 사람이 한둘이 아닐텐데, 어쩌죠?"

"걱정 마, 현장으로 보낼 테니 거기가서 팔 걷고 작업이나 해."

"누가 그런 작업 걱정이래요?"

"나도 친절이 얼마나 거래 관계에 중요한가를 뼈저리게 실감한 적이 있는데, 들어 볼래?"

"그러죠, 번데기의 체험은 어떠했는지."

"정말 번데기라고 놀려대면 진짜 번데기 만들어 준다!"

"알았습니다. 서비스 9단님!"

"집안에 아이들이 커나면서 좀더 넓은 집으로 옮겨갈 계획으로 가까운 부동산을 찾은 적이 있는데...."

"그래서요?"

"일단 부동산 사무실을 방문한 사람에게는 두 가지 목적이 있을 수 있다. 하나는 지리를 묻기 위해 가는 경우이고 또 하나는 부동산 문제로 방문하는 경우 아니겠어. 내가 방문한 부동산에는 손님도 없고 마침 한가한 시간이어서 많은 정보를 얻을 수 있으리라 생각했는데 주인을 대하는 순간 실망을 넘어 빨리 다른 부동산을 찾아야 하겠다는 생각이 들더라고."

"왜요? 못생겼던가요. 그렇죠? 아마 틀림없이 여자 중개사가 틀림없군요."

"그래, 눈치 한번 빠르군."

"그래서 작업 들어가다 딱지 맞았군요?"

"그게 아니라, 자리를 안내하고 반갑게 맞이하기는커녕 이야기 도중에 서랍에서 꺼낸 립스틱으로 화장하기에 바쁘더라구."

"손님을 안내하든가 상담에 응할 자세가 아니야. 마치 너 아니어도 먹고 산다는 식이었어."

"부동산 중개사가 갖추어야 할 첫째 자질은 소개하는 건물의 가격이 비싸고 싸고의 문제도 아니요, 건물이 헐었든가 새것이든가의 문제가 아니잖아. 그것은 고객의 취향에 따라 고객 자신이 판단할 문제일 뿐이지. 그녀가 나에게 보여주었어야 할 것은 립스틱을 바르는 일 아니라 친절을 파는 일이었는데 말야."

파워 유머 기법

“도둑이 좋아하는 돈은?”

“슬그머니.”

“할아버지가 좋아하는 돈은?”

“할머니.”

제비들이 집 지을 때 무는 돈은?“

“아주머니.”

“계란 장수가 좋아하는 돈은?”

“에그머니.”

“한국인의 바지 속에 숨겨진 돈은?”

“호주머니.”

“그럼, 사장이 가장 좋아하는 돈은?”

“아이구 머니.”

고객은 한마디로 돈이래요. 그 돈을 내 것으로 만드는 것이 곧 친절이 아닐까요? 친절을 베풀어 보세요. 그럼 돈이 굴러올 거예요.

11. 100-1=?인가

어느 백화점 면접시험장에서 고참 지배인이 면접을 보고 있었다.

"우리 백화점에서 제일 중요한 사람은 누구죠?"

"고객입니다." 첫 번째 사람이 대답했다.

두 번째 사람은 사장이라고 답변했다.

그런데 이날 시험에 합격한 사람은 세 번째로 답변한 사람이었다. 그는 이렇게 답변했다.

"지배인님이십니다."

"왕초보야 수학문제 하나 내 볼까?"

"수학이면 또 이 몸이 한가닥 하는 것쯤은 아시죠?"

"알다마다, 그런데 이 문제는 단지 숫자 놀음이 아니라 심성의 문제야."

"그럼 내 됨됨이를 체크한다는 건가요?"

"됨됨이가 아니라 마음으로 푸는 수학이라는 얘기지."

"세상에 마음으로 푸는 수학이 어디 있어요?"

"서비스 세계에서는 마음이 통하는 수학의 법칙이거든."

"뭔데요? 설마 퀴즈는 아니겠지요?"

"이 바쁜 근무시간에 무슨 퀴즈놀이 하겠어?"

"자 그럼 한번 내보세요."

"100-1은 얼마야?"

"지금 장난해요?"

"그러니까 심성의 문제지."

"그렇다면 99는 아닐테고...."

"0점이야."

"왜 하필 0점이 되죠?"

"생각해봐. 백 번 잘하다가 한 번 잘못하면 그것은 빵점이라는 거야. 이게 서비스의 법칙이라구."

"그럼 그동안 백 번 잘한 건 말짱 꽝이라는 말인가요. 세상에 그런 법칙이 어디에 있어요?"

"그게 소비자들의 심리라는 거야. 소비자들은 심리적으로 기분 좋은 일보다는 기분 나쁜 일을 오래 기억하는 법이지. 과거에 잘한 것은 당연한 것으로 받아들이는 것이 그들의 심리거든."

"그렇군요. 저도 그런 경우를 많이 경험했거든요. 자주 가는 미용실이 있었는데 언젠가는 너무 올려쳐 가지고 그 뒤로부터는 절대 그 미용실을 안 가거든요."

"그럼 그 전에는 어땠어? 물론 단골집이었겠지?"

"당연하죠."

"바로 그거야. 문제는 과거에 잘한 것이 중요한 것이 아니라 오늘 이 시간에 대하는 고객에게 최선을 다하는 것이 고객을 존중하는 일이고 최고의 서비스를 하는 비결이라는 거야."

"그렇군요."

"또 이렇게 볼 수도 있어. 백 명의 직원들이 아무리 잘 해도 한 명이 실수하면 그것도 빵점이라는 거야."

"결국 팀워크가 중요하단 말이군요?"

"바로 그거야. 전체 직원이 하나처럼 통일된 이미지를 심어 주는 것이 중요하단 말이지."

"독불장군은 서비스맨으로서 부적합하다고 볼 수 있겠네요?"

"그렇다고 봐야지. 자기 혼자 잘하는 것이 중요한 게 아니거든. 정말이지 100－1＝0이라는 법칙을 실감나게 느낀 적이 있어."

"그래요? 그날 또 열 꽤나 받았겠군요?"

"열이 아니라 그동안 믿고 거래했던 믿음이 깨지니까 허탈하더라구. 자주 가는 약국이 있었는데 너무 부드럽고 친절했어. 상담도 잘해주고 정말 이웃과 함께 하는 다정한 약국으로 보였어. 부부가 운영하는 이 약국은 그래서 우리 집의 단골이 되었어. 시시콜콜한 활명수 하나에서부터 모든 약을 이 약국에서 사게 됐어."

"특히 약국 같은 곳은 단골을 정해 놓으면 편하잖아요?"

"그럼, 믿음이 가기 때문에 약효가 더 뛰어난 것처럼 느껴지는 게 소비자들의 심리니까."

"그런데 뭐가 문제였다는 말인가요?"

"글쎄 말야, 언젠가 구입한 비타민제를 뜯어보니 유통기한이 3개월이 지난 것을 나에게 팔았더라구."

"오, 저런 죽일……"

"순간 화가 치밀었어."

"당연히 뚜껑이 열렸겠죠?"

"세상에 이럴 수가. 그동안 얼마나 믿고 거래해왔는데."

"그렇죠. 하여튼….."

"믿는 약국인지라 유통기한도 확인하지 않고 사온 나였어. 즉시 약국으로 달려가 자초지종을 따지고 돈으로 환불받았지."

"약국에서는 뭐라 하던가요?"

"내가 찾는 비타민이 그것밖에 없어서 어쩔 수 없었다고 해명하더라구."

"이건 분명히 고참 씨를 짱구로 본 게 틀림없어요. 아무리 짱구처럼 생겼기로서니."

"뭐야 내가 짱구라면 왕초보는 짱녀다!"

"우리 이제 비긴 거로 하고, 그래서요?"

"뭘 그래서야 끝난 거지. 사전에 설명 한마디만 했어도 분하지는 않았을 텐데. 나는 그동안 거래하던 약국을 불신의 눈으로 바라볼 수밖에 없었고 그 약국 사람을 보기만 해도 사기꾼처럼 느껴지더라구. 고객은 과거를 잊고 사는 법야. 과거에 아무리 혜택을 많이 받았다 해도 오늘 대우가 시원치 않으면 무조건 투덜거리는 버릇이 있거든. 고객은 누구나 이기적이고 간사한 존재이기 때문이야."

"그게 어디 그 약국만의 문제겠어요?"

"그렇지. 생쥐 한 마리가 모든 것을 망친다는 말이 있지? 인테리어가 아무리 화려하고 음식 맛이나 직원의 서비스 능력이 뛰어난 유명 레스토랑이라 해도 통제하지 못한 생쥐 한 마리가 모든 걸 망쳐놓기 때문이야. 이게 바로 최소율의 법칙이라는 거야. 고객을 실망시키는 일은 눈에 띄는 덩치 큰 것들이 아니라 자칫 간과하기 쉬운 아주 사소한 일에서 비롯되는 것이거든."

파워 유머 기법

"개미처럼 열심히 일하는 사람이 되어보세요."
"개미가 일만 한다고요?"
"그럼요, 그런 직원이 빨리 승진하는 법이죠."
"소풍가보세요. 개미들이 먼저 와서 노는 것을 볼테니."

이제는 개미처럼 사는 것은 미덕이 아니래요. 거미처럼 사는 사람이 지혜롭다고 하는군요. 일개미는 일생 동안 일만 하다 일할 능력이 떨어지면 죽게 되죠. 그렇게 살고 싶으세요? 거미는 필요한 곳에 거미줄을 치고 놀다와서 먹이를 물고 가 여가를 보내게 되죠. 하루 종일 일만 하다가 죽을 것인가, 아니면 거미처럼 곳곳에 거미줄을 치고 먹이를 잡을 것인가를 결정해 보세요. 이제는 본격적인 웰빙시대에 접어들고 있죠? 나만의 독특한 서비스 기법은 무엇인지 찾아보세요. 거미처럼 신나게 놀면서 먹이를 많이 챙길 수 있다면 그가 곧 훌륭한 일꾼이 아닐까요?

12. 개 풀 뜯어먹는 소리하지 마

"왕초보는 사람을 내 편으로 만들 때 가장 좋은 방법이 뭐라고 생각해?"

"그야 그 사람이 원하는 것을 잘 해주면 되겠죠"

"그렇지, 그럼 원하는 것을 잘 해주려면 어떻게 하면 될까?"

"우선 돈이 있어야 하겠죠."

"개 풀 뜯어먹는 소리말고 좀 진지해져봐."

"무슨 말을 개처럼 하세요?"

"뭐야? 감히 하늘같은 선배한테 개라니. 아주 이제 막가파식이군!"

"저는 막가파식군이 아니고요. 왕초보 양인데요."

"정말 이 바쁜 시간에 뚱딴지 같은 타령이나 할 거야? 정말 이대로 보고하면 오늘 당장……"

"오늘 당장 뭐요? 말하세요."

"어, 오늘 25일이잖아. 보너스 나오는 날이라고 알려주려 했지."

"우선 교육이나 해요!"

"그래, 사람을 내 편으로 만드는 비결은 그 사람의 반응을 잘 체크하는 거야. 한 마디로 고객의 소리를 들으라는 것이지."

"듣는 거야 뭐 쉽죠."

"실은 말하는 것보다 고객의 소리를 귀담아 듣는 것이 더 어렵다는 거야. 그만큼 고객과 가까워져야 한다는 거지."

"그럼 비결이 뭔가요?"

"고객이 쉽게 접근할 수 있는 시스템을 만들어 나가는 것이 고객과의 관계를 강화시켜 나가는 길이고 그들의 소리를 잘 듣는 비결이라고 볼 수 있어."

"막연하게 시스템이라고 말하지 말고 구체적으로 설명 좀 해 보세요?"

"우선 고객을 존중하는 풍토를 만들어 나가는 것이 좋고 고객이 불평불만의 털어 놓을 수 있는 제도를 만들어 나가는 게 중요하겠지. 말을 잘하는 사람은 상대방의 말에 귀 기울이며 관심을 나타내는 자세를 갖춘 사람이라고 말한 적 있잖아."

"이제 귀가 따갑게 느껴질 만큼 많이 들었죠. 이제는 넘어 올 것 같아요."

"이 친구야 뭐가 넘어와?"

"뭐긴 뭐예요. 귓밥이죠."

"그래 알았다구. 오늘 내가 귓밥을 쏠테니 우선 교육이나 마치자구. 언젠가 산에 올라 등산객에게 우연히 말을 걸었다가 혼쭐난 적이 있어."

"아니 그런데서 작업 들어가면 망신이죠. 그래서 얼마나 맞았죠?"

"아니 왕초보는 틈만나면 작업 얘기야. 정말 내가 작업 한번 들어가 봐?"

"여보세요 고참 선배님, 그런 얘기는 꿈에서도 하지 마세요. 작업도 작업 나름이지."

"하산하는 길을 물었더니, 별의별 잡다한 이야기를 늘어놓는 통에 도저히 자리를 뜰 수가 없었다구. 끝까지 들어 주는 나의 자세에 감동이라도 받은 듯 열변을 토해낸 그 등산객은 아마 세상에 자신의 이야기를 관심 있게 들어 준 나를 그토록 다정한 사람처럼 느껴졌는지도 몰라."

"그래서요?"

"뒤늦게 알고 보니, 그는 1년 전 등산길에 쓰러져 몇 개월간 병원 신세를 지고, 그날 처음 다시 등반을 시작한 것이었어. 그동안 병석에 누워 있으면서, 얼마나 산이 그립고 사람들과 대화하고 싶었을까 생각하니 이해가 가더라구."

"정말 그럴 수 있겠어요. 병석에 누워지냈으면 얼마나 외로웠겠어요."

"아무도 모르는 등산객들 속에서 자신에게 길을 물은 내가 그토록 고마웠는지도 모르지. 아마 그는 등산의 기쁨보다, 자신의 말에 귀 기울이는 사람 앞에 속내를 들어내며 이야기한 시간이 더욱 소중한 것이었으리라 믿어."

"그분이 서비스 9단인 고참 씨를 만난 게 행운이었겠죠."

"내가 그를 승리자로 만들어 준 것은 바로 입이 아니라, 귀였다고 생각해."

"경청함으로써 그를 행복하게 만들어 주었다!"

"바로 그거야, 그게 오늘의 결론이야. 듣는 게 전략이라는 거야. 두 귀로 듣는 것만큼 설득력 있는 웅변은 없다고 데일 카네기는 일찍이 말한 바 있어."

"결국 고객의 소리를 잘 듣고 그들의 욕구를 해결해 나가는 것이 서비스의 비결이라고 말이죠."

"지금 당신 앞에 있는 사람이 원 없이 떠들 수 있도록 훌륭한 경청자가 되어봐."

"그래요, 지금껏 선배님이 떠들 수 있도록 들었잖아요."

파워 유머 기법

한 정치인이 지나가자 강아지가 달려와 유난히 반갑게 짖어 댔다.
"이 강아지야, 왜 나만 따라다녀?"
그래도 강아지는 꼬리를 흔들며 짖기만 했다.
"그래 이번 회기 중에 보신탕 먹는 것을 금지하는 입법을 추진해 주마."
"아냐. 너를 좋아하는 것은 나처럼 짖기만 하기 때문이야."
고객의 소리를 귀담아 듣는 것이 최고의 정보라 하죠. 세일즈를 잘하는 비결은 고객의 욕구와 불만을 귀담아 듣고 이를 서비스 기법에 반영하는 거래요. 정치야말로 가장 모범적인 서비스라 하죠. 말만 하고 고객의 소리에 귀 기울이지 못한다면 누가 찾아 주겠어요. 입으로만 떠드는 일은 개나 앵무새가 할 일이지 사람으로서는 감당키 어려운 일이래요. 귀가 두 개 있는 것은 듣기를 두 배로 하라는 뜻이라 하죠. 오늘 만나는 고객에게 최선을 다해 보세요. 두 귀로.

3

★ 제3장을 읽고 다음 문제에 대하여 토의해 봅시다.

1. 서비스 테크닉 향상 기법에는 어떠한 방법들이 있는지 토의해 봅시다.

2. 고객과 마주치는 서비스 접점의 중요성을 설명하고 접점관리를 위한 방안에 대하여 토의해 봅시다.

3. 핵심서비스와 주변서비스를 구분하여 설명하고 고객만족에 미치는 주변서비스의 영향에 대하여 토의해 봅시다.

4. 감성 마케팅이 고객을 자극하는 데 미치는 영향에 대하여 토의해 봅시다.

5. 서비스 기법으로서 유머는 어떠한 기법이 있는지 토의해 봅시다.

6. 고객이 받아들일 수 있는 서비스 가치에는 어떠한 것들이 있는지 토의해 봅시다.

7. 고품질 서비스 기법 향상을 위한 서비스 시스템 구축 방안에 대하여 토의해 봅시다.

8. 인간은 언어적 동물이라는 말의 의미와 서비스에서 언어의 중요성에 대하여 토의해 봅시다.

9. 상생의 원리를 설명해 보고 서비스 기업에서 이것의 중요성에 대하여 토의해 봅시다.

10. 서비스 바이러스란 무엇인지 설명해 보고 조직 내 서비스 바이러스를 감염시킬 수 있는 서비스 문화에 대하여 토의해 봅시다.

Storytelling Service

CHAPTER

4

한번 고객을 평생 고객으로 만드는 유머 화법

유머는 고객을 설득하고 판매를 이루어 나가는 가장 빠른 길이다. 유머스러한 사람에게는 믿음이 가고 지갑을 쉽게 여는 경향이 있다. 유머야말로 최고의 판매 기술이며 고객을 사로잡는 비결이다.

CHAPTER

4 한번 고객을 평생 고객으로 만드는 유머 화법

1. 고객은 항상 옳다고 생각해봐

고객 부서에 불려온 김 대리는 이사로부터 호된 꾸중을 들었다.

"고객과 왜 싸우는 거야?"

"고객도 고객 나름이죠."

"자네는 사장님의 방침도 모른단 말인가. 고객은 항상 옳다는 거 말야."

"말도 안 되는 거짓을 주장하는데 어떻게....."

"그래도 고객은 항상 옳다고 생각해. 그게 법칙이야."

"그래도 말도 안 되는 소리로 우기는 고객한테는 어찌 할까요?"

이사는 한참 심각하게 생각하더니 한 마디 했다.

"그럼, 지극 정성 서비스로 감싸 줘."

"왕초보가 아침에 출근하는 이유는 뭐라고 생각하나?"

"그야 당연히 직장이니까 일하러 나오는 거죠?"

"그럼 누구를 위해서 일하는데?"

"왜 선배님을 위해서 일할 줄 알고요? 나를 위해서죠."

"그럼, 누가 존재하기 때문에 내가 있는 건데?"

"당연히 이 회사를 만든 사장님이 있으니까 가능한 거죠."

"그럼 사장님은 누가 오늘 이 자리에 앉혔다고 생각하지?"

"그야 본인 자신이 노력한 결과 아닌가요?"

"그게 바로 왕초보의 서비스 수준이야."

"그럼, 누가 또 있단 말인가요?"

"왕초보나 내가 출근하는 이유는 한 가지야 고객이 존재하기 때문이지."

"그럼...."

"물론 사장님이 이 자리에 오른 것도 고객이 있기 때문에 가능한 일이야."

"고객이 존재하기 때문에 내가 있다."

"지금부터는 그러한 고객중심의 사고를 해야만 생존할 수 있는 거야."

"그러니 고객의 말이라면 항상 옳다고 생각하라?"

"꼭 그런 것은 아니구. 고객과 논쟁하지 말고 고객의 존재를 깨달으면서 그는 항상 옳다는 생각을 전제로 대하라는 거야."

"참으로 어려운 일이군요? 별의별 사람이 다 있고, 나도 사람인데 어찌 고객은 항상 옳다고만 생각해야 하나요?"

"그 한계를 극복하는 것이 일류 서비스 기업이 되는 비결이야."

"그러니 우리는 고객을 위해 존재한다는 말이군요?"

"그래 바로 그거야, 역으로 고객은 누굴 위해 존재한다고 생각하지?"

"그러고 보니 나를 위해 있는 사람들이군요."

"빙고, 그래서 서비스를 고객 사랑이라고 말하는 거야."

"미국의 노드스트롬 백화점은 어떤 상황에서도 자신이 판단하여 고객에게 유리하다고 생각되는 일을 실행할 것, 그 이외의 규칙은 없다는 것을 신조로 삼고 있대."

"대단한 규칙이군요?"

"어떠한 상황에서도 고객은 항상 옳다는 생각을 잊어서는 안 된다는 것을 강조하는 말이기도 하지. 설사 고객이 고집불통이고 사리에 맞지 않으며 거짓말을 한다 해도 고객은 항상 옳다는 기본자세를 갖고 응해야 한다는 서비스 철학이 기업 전체에 뿌리내리고 있는 세계적인 기업다운 얼굴이야.”

“실감나는군요. 그래서 그 회사의 서비스 정책을 많은 기업들이 다투어 배워 오는군요”.

“그렇고 말고, 자 여기 좀 보라구.”

“고객과 논쟁하지 말라.

고객을 이기려 들지 말라.

고객을 가르치려 들지 말라.

항상 고객이 승리자가 될 수 있도록 도와주어라. 이거 지난번 특별 교육 때 외부강사가 강조한 말 아닌가요?”

“맞아. 이보다 더 훌륭한 고객 접대 자세는 없을 거야.”

“문제는 실천이라는 말이군요?”

“그렇지. 서비스는 아는 게 중요한 게 아니라 얼마나 실천하느냐의 문제거든.”

“그럼, 실천을 잘 하도록 하는 비결이라도 있나요?”

“제도적으로 뒷받침이 되어야 한다는 거야. 그냥 직원 개개인에게 맡기는데 한계가 있고 제도적으로 움직일 수 있는 시스템을 갖추어야 한다는 거야.”

“예를 든다면요?”

“일선 현장근무 직원에 대한 권한을 위임해 나가는 것도 하나의 좋은 방법이야.”

“스스로 판단하여 행동할 수 있는 권한을 준다는 말이군요?”

“그렇지. 종업원에 대한 권한위임 없이 고객을 위한 어떤 아이디어도 나오기 힘들고 자발적으로 실천해 나가는 데는 한계가 있기 때문이야.”

“그렇군요. 고객을 위한 일이라고 판단되면 언제 어디서나 누구든지 무엇이든지 즉각 시행할 수 있는 제도적 장치가 마련되어야 한다는 철학, 잘만 실천하면 이거야말로 최고의 법칙이 되겠군요.”

파워 유머 기법

한 주부가 유치원 다니는 아이를 데리고 치과에 갔다. 그런데 평소보다 진료비가 세 배는 비싸게 나왔다.

“여보세요. 어떻게 진료비가 이렇게 세 배나 비싸죠?”

“네. 댁의 아들이 아프다고 죽는 시늉을 하는 바람에 아이 세 명이 도망갔거든요.”

최고의 고객을 만들려면 유머로 무장해야 해요. 거절하기 힘들 때나 협상에서 어려움을 겪을 때 유머를 던져 보세요. 일이 순조롭게 풀리고 고객과 가까워질 거예요. 유머는 가장 경험 많은 세일즈맨이라는 말도 있죠. 일단 상대가 웃음을 보였다는 것은 당신이 리드한다는 것을 말한대요. 오늘 바로 유머로 무장해 보세요. 어떠한 어려움도 쉽게 웃으며 해결할 수 있을 테니까요.

2. 고객 없이는 아무것도 할 수 없다는 말이군요

어느 기업에서 서비스 특별 교육이 실시되고 있었다. 강사는 고객의 개념부터 제대로 알아야 한다고 주장했다. 그것이 기업이 존재하는 이유이기 때문이라면서.

"여러분들은 한 마디로 고객은 무엇이라고 정의할 수 있죠?"

아무도 대답이 없자 강사는 다시 한번 물었다.

"고객이 없는 사람은 아무도 없어요. 그렇다면 여러분은 고객을 어떻게 정의할 겁니까?"

잠시 후 신입사원이 답변했다.

"고객은 귀신입니다!"

모두들 한바탕 웃음을 터트렸다.

"왜 하필 귀신입니까?"

"그야 당연히 귀하신(貴) 몸(身)이니까요."

"왕초보야, 너는 고객을 한 마디로 정의한다면 뭐라고 하겠어?"

"그야 당연히 왕이죠. 그게 고객을 부르는 칭호 아닌가요? 다른 게 있을 수 있나요, 고참 씨는 뭐라고 보시는데요?"

"고객은 한 마디로....."

"그래요, 한 마디로 한다면요?"

"돈이야!"

"뭐요? 뭐 눈에는 뭐만 보인다더니......"

"그게 답이야. 고객은 돈이라구. 이 살아있는 돈을 어떻게 만드느냐가 문제지."

"일리가 있군요. 고객은 돈이다!"

"그런데 이 돈을 내 돈으로 만들기 위해서는 다음과 같이 세 단계로 나누어 봐야 돼."

"그래요?"

"만약에 서울 시내에 슈퍼가 하나밖에 없다면 어떻게 되겠어?"

"당연히 고객들이 그 가게 앞에 줄 서 있겠지요."

"그러면 그때 고객들은 무슨 취급당할까?"

"당연히 개 취급 당하겠죠."

"개는 좀 심하고 봉 취급 당한다고 하자구. 수요와 공급의 원칙에서 보면 수요자는 줄 서 있고 공급자는 하나밖에 없으니 당연히 봉이지 않겠어."

"그렇군요. 그럼 다음은 뭐죠?"

"이제는 반대로 눈만 뜨면 동네에 슈퍼가 들어선다면 이때는?

"그야 당연히 왕이죠."

"맞아 그런데 이제는 고객을 왕처럼 모시던 시대는 지났다는 거야. 수요와 공급의 관계가 변하면서 고객의 개념 또한 바뀌고 있다는 거지."

"어떻게 바뀌고 있죠?"

"미국의 IBM사는 고객은 황제라고까지 부르고 있다고 하네. 고객을 위해서라면 무슨 일이라도 할 수 있다는 이야기야."

"이해가 가네요. 시대가 변화하니까 왕에서 이제는 황제로....."

"그리고 유명한 광고전문가인 데이비드 오길비는 고객은 아내라고 말한 적이 있어."

"아니 아내라니요?"

"늘 가까이 있지만 아내처럼 다루기 까다로운 존재라는 말이라네. 세계경제의 흐름을 좌지우지하다시피 하는 일본 기업에서는 오늘날 고객을 무엇이라 부르는지 아나?"

"글쎄요?"

"신(神)이라고 말한다고 해."

"고객을 신처럼 모시라는 뜻이야."

"고객은 절대자라는 말이군요?"

"고객의 존재 가치가 이만큼 달라지고 있는 것은 고객만족이 곧 기업의 운명을 결정하기 때문이지. 기업의 마케팅 기술이 뛰어나고 제품의 성능이나 품질, 서비스가 좋다 해도 고객이 팔아 주지 않으면 아무런 의미가 없다는 이야기야."

"고객 없이는 아무것도 할 수 없다는 말이군요?"

"그렇고 말고. 이처럼 사회, 경제의 여건에 따라 고객은 신분의 변화를 통하여 권위 있는 무소불위의 자리에까지 오르고 말았어."

"그렇군요. 일류 호텔이나 레스토랑의 음식 맛이 아무리 뛰어나고 유명한 업소로 소문이 나 있다 하더라도 고객이 와주지 않는다면 그 업소는 존재 가치가 없다는 말이에요?"

"당장 셔터를 내릴 수밖에 없지. 따라서 고객은 절대자와 같은 위치에 있다는 것을 늘 명심하라구."

파워 유머 기법

백화점 한 모퉁이에서 페인트칠을 하고 있었다.
고객들의 안전을 위해 "손대지 마세요. 아직 마르지 않았어요." 라는 문구를 써 붙여 놓았다. 그런데 어떤 고객이 주의 표지판을 아랑곳하지 않고 손으로 페인트를 만지고 있었다.
"손님, 주의 표지판이 보이지 않으세요? 주의해 주세요."
그러자 손님이 하는 말,
"괜찮아요. 난 장갑을 끼고 있잖아요."
고집불통의 고객을 만날 때 무슨 비결이라도 가지고 나가세요? 고객은 어린애 같아서 칭찬 받기를 좋아하고 간사한 특성이 있대요. 그리고 이처럼 장난끼도 있구요. 이럴 때 대처할 수 있는 방법이 바로 유머 아닐까요? 유머는 모순된 원리를 이용하여 웃음을 만들어내죠. 그래서 서로의 무거운 분위기를 가볍게 느낄 수 있게 하고 인간적인 감정을 나누어 갖게 한대요. 아침에 출근할 때, 거래처를 방문할 때, 고객을 만나러 나갈 때 필수품 잊지 마세요, 유머를.

3. 개객거린다뇨?

어느 기업에서 고객만족 회의가 열리고 있었다. 사장은 직원들에게 돌아가며 질문을 했다.

"박 과장은 고객을 어떻게 만족시켜야 한다고 보는가?"

"네 제 경험으로는 고객의 욕구를 알아내는 일입니다."

"그러면 송 대리는?"

"저는 감동시킬 수 있는 아이디어를 개발해 나가는 일이 중요하다고 봅니다."

"그렇다면 매장에 근무하는 임 지배인의 생각은 어떤가?"

"졸도시키는 일입니다."

"왕초보는 고객으로서 언제 제일 만족하나?"

"그러는 고참 씨는 언제가 제일 만족스러운데요? 먼저 말씀하세요."

"그야 뭐 어렵지 않지. 나는 나를 알아줄 때가 제일 기분이 좋더라구."

"이기적이고 변덕스럽기는....."

"빙고, 바로 그게 정답야!"

"이제 서비스 7단 정도는 되어 보이는데?"

"아니 내가 그렇게 변덕스럽다는 건가요?"

"이기적이고 변덕스러운 게 고객의 심리라는 거야. 그래서 이러한 심리를 잘 이해하고 대하는 것이 그들을 만족시키는 비결이라고 보면 돼."

"그게 일종의 고객들이 갖는 일종의 권위의식 아닌가요?"

"그렇다고도 볼 수 있지. 그러니까 개개인으로서 알아주기를 원하는 거란 말야."

"그 많은 고객을 어떻게 다 개개인으로 기억한다는 말인가요?"

"그게 비결이라니까. 레스토랑에 외식하러 오는 20명의 고객이 있다고 가정해 보자고. 어떤 서비스가 그들을 만족시킬 수 있을까? 간단히 생각해

봐. 20명의 입맛은 동일하지 않다는 것이야."

"그런 전제를 갖는 것이 중요하단 말이군요?"

"그렇고 말고, 그중에는 육식주의자, 채식주의자도 있으며 음식보다는 분위기, 서비스를 더 귀하게 여기는 사람에 이르기까지 다양하다는 점부터 인정하는 일이 중요해."

"고객의 개성을 존중할 줄 아는 것이 고객을 이해하는 일이라!"

"고객은 대중이 아니라 개인이라는 거야."

"그게 무슨 뜻인가요?"

"고객은 그저 익명적인 존재가 아니라 확실히 드러나고 구분되어야 할 독특한 개인으로 접대받고 싶은 욕망이 있다는 말이지.

고객(顧客)은 대중적인 욕구와 동일한 성향을 갖고 있는 존재라는 말은 옛날 얘기야."

"그래요. 그러면 따로 국밥이라는 말인가요?"

"이제는 개객(個客)의 시대라는 말이 있어."

"개객이라니요. 갑자기 개객거린다는 말이 떠오르는군요?"

"그래? 그걸 두고 세상 사람들은 뭐라고 말하는지 알아?"

"글쎄요?"

"개 눈에는 똥만 보인다고 말하는 거야."

"그럼, 내가 개란 말인가요? 서비스 9단 다운 품위를 지키세요. 오늘 정말 실망이라구요."

"왜 그래, 왕초보가 먼저 개객거린다고 시작했잖아. 잘 들어 봐. 고객이 개객이라는 말은 이제 고객의 개념은 10인 10색, 100인 100색의 소비 행태가 지배하는 다루기 힘들고 변덕스럽고 까다로운 말썽꾸러기 존재들로 변했다는 거야. 그만큼 고객을 다루기가 힘들고 어렵다는 말인데 왜 쌩뚱 맞은 생각을 하고 그래."

"말만 살아서. 잘도 갖다붙이긴?"

"내 말은 고객만족 서비스를 이루어 나가기 위해서는 고객을 집단의 개념으로 보지 말고 까다롭고 이기적인 한 개인으로 보는 눈이 필요하다는 거야.”

“그러면 왜 표준화된 매뉴얼이 필요하죠?”

“그게 필요 없다는 것이 아니라 고객을 한 개인으로 볼 수 있는 차별화된 서비스, 개개인의 욕구와 기대를 충족시킬 수 있는 맞춤서비스를 개발해 나가야 한다는 것이지.”

“그렇다면 이제 고객서비스의 핵심이 개개인의 관심에 초점을 맞추는 개별화된 서비스를 실시해 나가야 한다는 주장이군요?”

“바로 그거야. 모든 고객의 욕구가 동일하지 않고 개개인의 욕구에 따라서 천차만별의 다양한 기대심리를 갖고 있다는 거야.”

“알았어요. 오늘 고객의 심리를 파악하는 중요한 교육이었어요. 이제 점심이나 먹으러 가죠?”

“그럼, 왕초보가 먹고 싶은 메뉴가 뭔지 내가 한번 맞춰 볼까?”

“그래요. 뭘 먹고 싶은지 맞춰 보세요.”

“혹시 개고기 아냐?”

“이봐요. 정말 이렇게 나오긴 가요?”

“개객거린다고 했잖아!”

파워 유머 기법

웃음의 5단계를 정복하라

- 제1단계(무표정의 단계): 웃기는 웃되 자기 혼자만 웃으니 표정을 알 수 없는 단계로서 외국인이 한국인을 평가할 때 흔히 이 표정을 말한다.
- 제2단계(미소의 단계): 웃음의 기본단계로서 포근함과 친근감을 준다.
- 제3단계(얼굴로 웃는 단계): 본격적인 웃음의 단계로서 얼굴이 밝고 보는 이에게 믿음과 신뢰감을 주며 보이지 않는 벽을 허물 수 있는 힘을 갖는 단계의 웃음이다.
- 제4단계(포복절도 단계): 웃음으로 건강을 유지하고 치유할 수 있는 단계나 함께 어울려 운동 삼아 웃을 때 나타나는 웃음으로 어울려 웃으면 그 효과가 30배까지 나타난다는 단계의 웃음이다.
- 제5단계(마음웃음 단계): 웃음의 가장 아름다운 단계로 마음이 열리지 않으면 웃음이 아니라는 철학을 갖고 있는 단계의 웃음이다.

웃어보세요. 아니면 고객을 웃겨보세요. 그러나 반드시 마음을 열어야 가까워질 수 있어요. 마음이 열리지 않는 웃음은 위장일 수가 있거든요.

4. 가장 무서운 고객이 누구죠?

어느 기업에서 고객의 날을 맞이하여 '가장 무서운 고객은 누구인가?'라는 주제를 갖고 토론을 벌였다.

"가장 무서운 고객은 누구인가?"

다양한 대답들이 나왔지만 가장 무서운 고객은?

"돌아오지 않는 고객"이었다.

"왜?"

"다시 오지 않는 고객은 아무 의미가 없으니까."

"왕초보는 인성에서 출세하는 비결이 뭐라고 생각해?"

"그것은 나만의 비밀인데요. 어찌 그런 걸 알기를 원하죠?"

"출세에 이르는 비결을 알려주려구."

"남의 인생의 출세 비결을 알려 준다는 게 무슨 말이죠?"

"하여튼 뭐가 왕초보의 출세 비결이라고 보는가?"

"당연히 잔대가리 안 굴리고 성실히 사는 거죠."

"거봐, 그게 잘못됐다는 거야."

"그럼 제가 지금 잔대가리나 굴리고 있다는 말인가요?"

"그게 아니라. 잔대가리라는 표현 좀 안 쓰면 안 돼? 서비스맨이 사용하는 말이 그게 뭐야. 말은 곧 서비스 상품이라고 배운 거 생각 안 나?"

"죄송해요. 그럼 그 비결이 뭔가요?"

"뭐긴 뭐야 고객과의 관계를 잘 맺는 거지."

"그럼 나보고 평생 동안 이 직장에서 고객들 뒤치다꺼리나 하라는 말인가요?

"그게 아니라 좀 더 멀리 봐. 왕초보가 직장 생활을 하든 사장이 되든 개인 사업을 하든 우리는 경제활동을 하는 이상 반드시 고객을 갖고 있어. 그 고객을 잘 만나야 하고 지속적으로 관리할 수 있어야 한다는 말야."

“무슨 일을 하든 고객을 잘 관리하라!”

“개인이든 기업이든 생존하는 길은 고객과의 지속적인 관계를 유지하고 고객이 재방문, 재구매할 수 있도록 유도하는 데 있어.”

“하긴 고객이 신이라고까지 말하는 판에....”

“그래서 우량고객은 오늘 매출액을 많이 올려주는 고객이 아니라 미래에 기여할 수 있는 잠재고객이라고 봐야 돼.”

“오늘만 거래하고 오지 안으면 끝이니까.”

“그래서 무서운 고객은 두 번 다시 오지 않는 고객이라고 말하는군요.”

“빙고. 특히 불평하는 고객이야말로 자칫하면 악소문을 퍼뜨려 기업과 상품의 이미지를 손상시킬 수 있는 사람들이니까 조심해서 관리해야 돼. 불평하는 고객 중에 단지 4%만이 불편함을 토로한다는 통계가 있어.”

“그래요 그러면 나머지는....?”

“말없이 떠나가는 96%의 고객은 다시 돌아오지 않을 가능성이 있다는 말이 되지. 그래서 진정으로 가장 무서운 고객은 악평하는 고객이 아니라 두 번 다시 돌아오지 않는 고객이라고 말하는 거야, 알았지?”

“이제야 이해가 가는군요.”

“하긴 돌대가리가 이제라도 이해가 간다니 다행이군.”

“이봐요 선배, 분명히 스스로 말했죠. 말이 곧 서비스라고. 그 말 당장 취소하세요.”

“알았어 오 마이 실수야!”

“이번만은 용서하겠어요. 그런데 20%의 단골이 80%의 매출을 올려 준다는 말은 무슨 뜻이죠?”

“어, 그걸 20:80법칙이라고 하는 거야.”

“그게 무슨 뜻이죠?”

“20%의 단골고객이 80%의 매출액을 올려 준다는 말이지. 단골고객을 잘 관리하라는 뜻이지.”

“우량고객을 집중적으로 관리해야 한다는 말이군요?”

"바로 그거야. 뜨내기 고객이 아무리 왔다갔다 해도 비록 숫자는 적지만 지속적으로 거래하는 단골고객만은 못하다는 말이지."

"그러니까 80%의 어정쩡한 고객보다는 우수고객 20%를 제대로 관리하는 것이 매출액 향상에 도움이 된다는 말이군요."

"20:80법칙은 조직이나 개인의 일상생활 어느 분야에서도 적용되고 있음을 알 수 있는데. 문제는 20%의 핵심역량을 어떻게 제대로 관리하고 운영하느냐의 문제야."

"단골고객을 잘 관리하는 것이 비결이라!"

"단골고객을 유지하고 관리하는 것이 신규고객을 창출하는 것보다 비용이 적게들 뿐 아니라 그들의 입소문을 통하여 기업의 이미지 창출에도 큰 효과가 있다는 거야. 또한 고정고객이 많은 기업일수록 직원의 이직률도 적고 직원만족도가 높다는 연구결과가 나오고 있어."

"그러면 어떤 비결이 있을 까요?"

"우량고객을 집중적으로 관리하기 위해서는 고객을 차별화시켜 나가야 해. 고객의 기여도에 따라서 점수를 주고 이 기준에 따라서 관리해 나가는 프로그램을 정착시켜야 해. 왕초보가 레스토랑 경영자라고 가정해 보자. 첫 번째 방문한 고객이 소중한가, 아니면 20번 방문한 고객이 더 소중한가?"

"당연히 다 소중하지만 그래도 자주 온 손님이 돈을 더 많이 벌어다 줬으니까..."

"그렇지. 물론 처음 방문한 고객을 집중적으로 관리하여 유망고객으로 개발해 나가야 하지만 지금까지 업소에 기여도가 높은 20번 방문한 고객을 전체 고객 중에서 20%의 범위에 드는 우량고객이라고 볼 수 있지. 또한 매출액을 기준으로 분석해 보아도 상당히 기여해 왔고 구전광고를 통하여 친구나 가족 직장동료들을 끌어들여 많은 고객을 창출하는 데 앞장서 왔다고 볼 수 있잖아. 이러한 우량고객을 체계적으로 관리하기 위해서는 데이터베이스화하여 집중적으로 관리해 나가야 해. 모든 고객이 중요하지만 그 고객이 기여한 바는 다르다는 점을 이해하고 개개인의 기여도에 맞는 관리가 필요하다고 볼 수 있지."

"단골고객을 집중적으로 관리하라! 이것이 기업이나 개인이 출세하는 비결이라는 말이군요?"

"그래서 물어 본 거야. 무슨 일을 하든 그 고객을 잘 관리하는 것이 출세의 비결이거든."

파워 유머 기법

유머리스트가 되는 길

- 재미나는 일을 상상하며 즐겨라.
- 매일 거울 보고 웃는 연습을 하라.
- 어린 아이의 눈으로 세상을 보라.
- 유머노트를 만들어라.
- 하루에 한 번 이상 유머사이트에 접속하라.
- 타인의 유머에 적극적인 반응을 보여라.
- 모임이나 회의에 참석할 때는 반드시 유머를 갖고 나가라.
- 항상 열 가지 이상의 유머를 외워라.
- 마음속에 스트레스를 몰아내라.
- 억지로라도 웃어라.
- 유머적인 사람에겐 적이 없다는 것을 기억하라.
- 독서를 게을리하지 마라.

고객은 럭비공과 같다고 하죠. 어디로 튈지 모를 만큼 다루기가 힘들다는 말이죠. 변화무쌍하고 다양한 얼굴을 갖고 있는 고객을 내 편으로 만드는 가장 빠른 길은 무엇이라고 생각하세요? 정답은 그를 유머로 리드해 나가는 일이죠. 사람은 유머에 문을 열게 되어있어요. 웃음은 낯선 사람도 하나로 묶어주니까요.

5. 뭐, 누가 월급 준다고?

한 회사에서 직원들을 대상을 설문조사를 실시했다.

"월급은 누가 준다고 생각합니까?"

한 직원이 대답했다.

"당연히 사장이죠."

"70년대부터 근무해온 직원은 이렇게 말했다.

"경리과의 미스 김."

"왕초보는 누가 월급을 준다고 생각해?"

"글쎄요, 은행에서 주잖아요?"

"왜 하필 은행이야. 우리 회사는 은행이 아니잖아?"

"매월 은행에서 찾잖아요."

"쌩뚱맞은 소리 집어치우고 정신차려!"

"그러는 고참 씨는 누가 월급을 줘요?"

"그걸 질문이라고 해? 당연히 고객이지."

"고객이 나에게 월급을 준다! 그렇군요."

"그러니까 고객을 판매 대상으로 보지 말라는 말이야. 월급을 주러 오는 손님을 즐겁게 해야 하잖아?"

"마음가짐이 달라지는데요. 나에게 월급을 주러 오는 사람이라고 생각하니. 그러면 판매 대상이 아니면...?"

"당연히 만족시켜야 할 대상이지."

"만족, 만족, 만족, 눈만 뜨면 그놈의 만족!"

"그래, 고객만족이 없이는 어떤 기업이나 개인도 번성할 수 없어. 고객은 단순히 상품을 구매하고 소비하는 존재가 아니라 만족시키고 삶의 질을 향상시켜야 할 대상이기 때문이지."

"그러기 위해서는 서비스가 최고의 상품이 되어야 한다는 말씀이군요?"

"두말하면 잔소리지. 이제는 제품의 수명이나 성능보다 서비스를 계획하고 설계하는 일에 투자해야 살아남는 시대야."

"그래서 그렇게 서비스의 중요성이 강조되는군요?"

"나의 직업이 무엇이든 간에 우리는 모두 한 달에 한 번씩 월급을 받지?"

"당연하죠."

"교직에 있든 공직에 근무하든 사업을 하든 시장으로 일을 하든 아니면 대통령으로 근무한다 해도 누군가는 우리 모두에게 한 달에 한 번씩 월급을 준다고."

"그래요. 그러고 보니 벌써 월급날이 기다려지는군요."

"문제는 우리는 월급을 주는 사람이 누구인지 잊고 일하는 경우가 허다하다는 거야. 무슨 일을 하든 자신에게 월급 주는 사람을 위해서 최선을 다할 의무가 있는 것이지. 시장은 시민을 위해서 봉사하고 시민이 마음 놓고 살아갈 수 있는 교통 치안 행정을 펼쳐 나가는 일이 곧 서비스요, 봉사하는 일이야. 교직에 몸담고 있는 사람은 월급 주는 학생을 위해 최선을 다하는 일이 서비스를 잘하는 일이지."

"그러고 보니 고객이 월급을 주지 않는 사람은 아무도 없군요?"

"슈퍼를 운영하는 주인은 아이스크림을 사든 맥주를 사든 고객을 위해 정성을 다하는 일이 곧 서비스를 잘하는 일이야."

"이제 서비스 정신을 가다듬어야겠어요!"

"왕초보가 그렇게 생각한다니 다행이군."

"제가 누굽니까? 우리 회사에서 유일하게 고참 씨의 후계자 아닌가요?"

"그래 이 예쁜 후계자야!"

"예쁜 건 알아 가지고."

"뭐라구?"

"예쁜 거 알아줘서 고맙다구요."

"이제 서비스의 개념이 바뀌어야 해. 내가 일해서 월급 받는 것이 아니고…."

"월급 주는 사람이 있기 때문에 일한다는 생각을 가져야 한다는 거죠?"

"바로 그거야. 고객이 없다면 결국 내가 없는 거니까."

"그렇다면 고객은 월급을 주고 나의 비전을 갖게 하는 사람이라고 봐야겠군요?"

"똑똑한 왕초보야, 그게 오늘의 결론이야."

파워 유머 기법

웃음에 대한 나의 다짐

- 나는 웃는다. 그러므로 인정받는다.
- 나는 웃는다. 그러므로 꿈이 있다.
- 나는 웃는다. 그러므로 내 주변에 사람들이 모여든다.
- 나는 웃는다. 그러므로 성공한다.
- 나는 웃는다. 그러므로 자신감이 있다.
- 나는 웃는다. 그러므로 건강하다.
- 나는 웃는다. 그러므로 살아있다.
- 나는 웃는다. 그러므로 나를 사랑한다.
- 나는 웃는다. 그러므로 신이 준 선물을 받는다.

당신이 웃어야 하는 이유는 무엇일까요? 그것은 행복의 표현이기 때문이죠. 그런데 행복해지기 위해서는 웃어야 한대요. 웃어서 행복해지는 게 아니라는 거죠. 주위를 둘러보세요. 웃을 일이 없나요? 그렇다면 그건 당신의 마음이 닫혀 있기 때문이죠. 웃을 일이 없는 게 아니라 웃을 능력이 없기 때문이래요. 고객에게 웃음을 던져 보세요. 그러면 그는 더 큰 웃음보따리를 던져 주겠죠?

6. 고객의 눈에 들어야 하니까요

어느 회사에 면접 보러온 사람에게 면접관이 고객관리에 대하여 물었다.
"만약에 술 먹고 난동을 부리는 고객이 있다면 어떻게 하겠나?"
"최선을 다해서 끌어내겠습니다."
"그래도 막무가내로 술주정을 계속한다면?"
"일단 사장님에게 알려야지요."
"마침 사장님이 매장에 없다면 어떻게 할 건가?"
"당연히 지배인님을 불러서 도움을 청해야지요?"
"지배인이 출장 중이라면?"
"그럼 제 애인에게 연락해서 오라고 하겠습니다."
면접관은 갑자기 애인에게 전화한다는 말에 귀가 솔깃했다.
"왜 하필 애인이지?"
"제 애인은 아직 술 먹고 난동 부리는 사람을 구경한 적이 없거든요."

"왕초보는 술 취한 고객이 난동을 부리면 어떻게 할건가?"
"그야 한 방에 날려 버리죠."
"그게 무슨 말이야. 날리다니?"
"이 미모에 미소 한 방이면 끝이죠."
"하긴 왕초보 미소에 넘어가지 않을 사람은 없을 거야. 그게 우리 회사에 들어온 실력이니까."
"고참 씨도 제 미모에 잠 못 이룬 밤이 있죠? 솔직히 말해 보세요."
"그래 나중에 은밀한 장소에서 말할 테니. 오늘 교육 시작하자구."
"멀쩡한 사람 불 댕겨 놓고...."
"거래처 손님을 접대할 때의 일이었어. 특별히 어떤 단골식당을 알고 있지 않은 터라 여기저기 주변을 둘러보다 복을 먹기로 했지. 막상 복집에 들어가보니 복을 취급하지 않고 다른 생선회만을 취급하는 것이 아닌가?

기왕 들른 김에 회를 먹기로 작정했는데 갑자기 여종업원이 끼어들더니 제일 비싼 메뉴만을 추천하는 게야.”

“회삿돈 쓰는데 뭘 걱정하셨어요? 나 같으면 밤새 뒹굴고 토하면서 먹었겠네요.”

“그런 말 마. 우리 부장님 돈 계산은 칼이거든.”

“칼이든 물이든 접대할 때는 왕창 쓰고 기분 내는 것 아닌가요?”

“왕초보야, 서비스 9단에 오르려면 그런 생각부터 버리라구. 주인의식이 투철한 사람이 훌륭한 서비스맨이라고 말했잖아?”

“오 마이 실수야. 존경하는 고참 씨 계속하시죠.”

“고객의 호주머니 사정을 고려하지도 않고 다짜고짜 비싼 메뉴만을 강요하듯 추천하는 분위기에 속는 느낌마저 들더라구. 그날 비용은 내 수준에는 걸맞지 않게 나왔어. 설사 음식이 고급이라 해도 그만한 대가를 지불한 나로서는 뒷맛이 개운치 않았지.”

“또 열 받았겠군요?”

“하지만 열을 식히는 비법도 알고 있으니 걱정 붙들어 매라구.”

“역시 9단다운 고수이십니다!”

“공자는 역지사지(易地思之)할 것을 대인관계의 근본으로 삼으라고 외쳤지. 상대방과의 입장을 바꿔 놓고 생각해 보라는 얘기야.”

“아, 그래서 고객의 입장에서 생각하고 행동하라는 말이군요?”

“그래, 고객의 눈으로 보면 모든 것이 새롭다는 말이 있어. 기업이나 경영주 측면에서 훌륭한 시설이 분위기를 연출했다고 자부해도 고객이 불편하게 느낀다면 아무리 화려하고 투자를 많이 했다손 치더라도 그것은 좋은 서비스가 될 수 없거든.”

“그렇죠. 고객의 눈에 들어야 하니까요.”

“기업의 고객관리, 마케팅 정책, 경영주의 서비스 마인드, 종업원의 태도 하나하나가 결국은 고객을 즐겁게 할 수 있는 시각에서 나와야 한다는 거야. 삼성전자는 고객만족을 위하여 ‘첫째, 고객의 입장에서 생각하고 행동

한다. 둘째, 고객과의 약속을 소중히 여기고 반드시 지킨다. 셋째, 고객의 작은 소리도 크게 듣고 신속히 제품에 반영한다'는 강령으로 항상 고객 위주의 경영이념을 실현하기 위하여 노력하고 있는 모범적인 기업이야."

"역시 삼성다운 서비스 철학을 갖고 있군요."

"청호나이스는 고객감동, 고객사랑, 고객신뢰를 목표로 서비스 운동을 전개하고 있어."

"그런 걸 모든 기업이 본받고 실천해야 하는데요."

"그렇고 말고 고객이 원하는 우수한 제품을 제공하는 것으로 끝나는 것이 아니라 고객의 입장에서 생각하고 판단하며 약속을 소중하게 생각하고 철저하게 이행하기 위한 시스템을 구축하고 있는 셈이지."

"고객의 눈으로 보라. 이것이 오늘의 주제군요."

"바로 그거야 고객의 눈으로 보면 모든 게 새롭다는 말 명심해야 해."

파워 유머 기법

웃음이 주는 것들은?

- 웃음은 건강의 상징이다.
- 웃음은 자신감의 상징이다.
- 웃음의 사랑의 증거다.
- 웃으면 인정 받는다.
- 웃으면 사람이 모여든다.
- 웃으면 리더가 된다.
- 웃음은 행복의 표시다.
- 웃음은 능력이다.
- 웃음은 비전이다.
- 웃음은 승자의 이미지다.
- 웃음은 최고의 유니폼이다.

웃음이 주는 것들이 참 많군요. 그런데 더 중요한 것은 웃는 사람이 매출액을 더 많이 올리고 계약을 더 많이 성사시키며 빨리 출세한다는 거래요. 그러니 웃음은 신이 준 선물이라고 할 만하죠. 이제 가슴을 펴세요 허리를 곧게 세우세요. 그리고 크게 웃어 봐요. 하하, 허허, 호호, 히히, 아이우에오, 이우에오아, 우에오아이, 에오아이우……

7. 왜, 강아지하고 사람을 한 묶음으로 보세요?

건망증과 치매환자의 차이는 무엇일까?

살 물건값을 계산해 놓고 "그런데 이걸 다 누가 사는 거죠?" 하고 물으면 건망증 환자.

"당신 언제 내 가게에 들어 왔어?" 하고 물으면 치매 환자.

"왕초보는 사람 이름을 쉽게 기억하는 능력이 뛰어난 것 같은데?"

"사실예요. 어려서부터 한번 들은 이름은 거의 기억하는 습관이 있었어요."

"많은 도움이 되겠어?"

"당연하죠. 세상 살아가면서 이름만큼 중요한 게 없다고 아버지께서는 늘 강조해 오셨거든요."

"당연한 일이야. 그런데 어떤 사람은 명함을 주고받고 한참 이야기한 후에 이름이 어떻게 되느냐고 묻는 사람이 있더라구?"

"그 사람이야말로 치매 환자군요."

"그러게 말야. 고객을 제대로 관리하기 위해서는 무엇보다도 고객을 잘 알아야 하는 것은 상식 중의 상식이야."

"가장 중요한 것이 이름이라는 거죠?"

"두말하면 잔소리지. 이름은 물론이고 직장, 직위, 심지어는 그 고객의 특성을 파악하는 것이 좋아."

"그러면 더욱 친근감을 가질 수 있겠지요?"

"친근감 정도가 아니라 따뜻한 느낌을 갖겠지. 그것이 한번 맺은 고객을 평생 맺어 가는 첫 단추야. 오늘 거래하는 고객은 계속 거래가 가능할 뿐 아니라 평생 고객으로 만들어 나갈 수 있기 때문이다."

"이름보다 더 중요한 게 없군요?"

"사람은 누구든지 자신의 이름을 불러 주는 사람에게 마음을 열게 되어 있는 법이야. 가장 따뜻하고 친근감 있는 단어가 자기 이름이라고 하잖아."

"맞아요, 이제 저에게도 왕초보라고 부르지 마시고 제 이름을 불러 주세요?"

"그래 삼순아."

"별명을 부르지 말고 이름을 불러 달라는 말입니다."

"알았어, 약속하지. 오늘부터는 고객의 이름을 기억하는 연습이 필요해. 막연히 실례합니다. 사장님, 손님, 선생님과 같이 누구에게나 통상적으로 사용하는 호칭보다는 '○○○씨 안녕하십니까?' 등과 같이 고객 개개인의 이름을 기억하고 불러주는 일은 고객을 기쁘게 하는 일이며 관심을 두고 배려를 하고 있음을 보여주는 것이라고 말할 수 있어."

"그런 면에서 고객은 아이 같아요."

"왜지?"

"아이와 같아서 이름을 기억하고 불러주는 사람을 좋아하니까요."

"그건 강아지도 마찬가지야!"

"왜 사람하고 강아지를 한 묶음으로 보세요?"

"이름을 부르는 것이 그만큼 중요하다는 거야. 이름을 불러 주는 것은 친근감이나 관심의 표현일 뿐 아니라 상대방의 존재를 인정해 준다는 의미가 있어. 어느 누구도 이 세상에 자신의 이름만큼 소중하게 들리는 언어는 없다고 하잖아."

"그렇죠. 단골고객의 얼굴만 기억할 뿐 그 고객의 이름을 기억하지 못한다면 고객 입장에서는 얼마나 섭섭하게 생각하겠어요?"

"그건 당신과는 지속적인 관계를 원하지 않는다는 의미를 주는 것과 같아."

"관심이 없다는 뜻일 수도 있겠군요."

"그렇고 말고. 또 어떤 사람들은 명함을 교환하면서 포켓 속에 집어넣기 바빠."

"저도 많이 경험한 건데요. 명함을 받았으면서도 이름이 무엇인지 모르고 떠들어대는 경우를 얼마나 자주 보는데요."

"그렇다면 이는 진정으로 대화하고 상대방의 존재를 배려하기는커녕 무시하는 처사가 아닐 수 없지."

"무엇보다도 누가 누구를 만나든 상대방의 이름을 기억하고 불러 주는 것만큼 소중한 게 없다는 말씀이시군요?"

"왜냐하면 이름은 그 사람의 모든 것일 수 있거든."

파워 유머 기법

어떤 사람이 과속으로 달리다 교통 경찰에게 적발되었다.
"과속입니다. 면허증 좀 보여주십시오."
"여기 있습니다. 제발 잘 좀 봐주세요?"
"지금 무슨 짓 하는 겁니까? 대한민국 경찰을 아직도 그렇게 봅니까?"
"네? 제 이름을 잘 봐달라고 했는데요!"
고객이 가장 듣고 싶어하는 것은 그 사람의 이름이래요. 경찰에게 잘 봐달라는 의미가 다른 뜻일 수도 있지만 재치 있게 이름을 들고 나온 것은 유머를 통한 위기 극복을 보여주는 사례가 될 수 있군요. 그저 사장님, 선생님 하지 마시고 정확히 이름을 불러 보세요. 이름을 불러 준다는 것은 그 사람의 존재를 인정하고 가까워지기를 원한다는 메시지를 전달하는 거래요. 지금 당장 만나는 사람의 이름을 부드럽게 불러 주세요. 그러면 그는 당신에게 마음을 줄 거예요.

8. 그녀는 아름다운 Girl

한 유통회사에서 최고의 친절 직원 남녀 한 쌍을 뽑아 시상하기로 했다. 선발된 최고의 친절 직원은 다음과 같다.

최고의 남자 직원: 친절하군(君).

최고의 여자 직원: 친절한걸(Girl).

"왕초보는 기업이 망해 가는 징조가 뭐라고 생각하지?"

"그야 거래가 끊어지면 망하는 것 아닌가요?"

"그건 마지막 나타나는 문제고. 그보다 먼저 나타나는 징조가 있다네?"

"그야 고객의 불만이 늘어나는 것이겠죠?"

"비슷한 말인데, 사실은 고객의 불만을 모르는 데서부터 시작된다는 거야."

"그게 무슨 뜻이죠?"

"고객의 불만을 발견하지 못하는 것이 문제라는 거지. 불평하는 고객은 늘 존재하기 마련이야. 그것은 어느 기업이든 마찬가지거든."

"문제는 어떻게 다루느냐의 문제가 되겠군요?"

"바로 그거야. 한 고객이 불평한다는 것은 유사한 증세를 나타내는 많은 고객이 뒤에 숨어 있다는 것을 알아야 해."

"그렇겠죠?"

"왕초보, 오늘 아름다운걸(Girl)!"

"어디가요?"

"생각이 그렇다는 거야."

"응큼하긴...."

"왕초보야, 개구리 삶기라는 교훈을 들어 봤어?"

"개구리 삶기라뇨?"

"잘 들어봐. 개구리는 보통 15도 정도 되는 물에서 가장 놀기를 좋아한대. 그런데 물 속에서 노는 개구리를 난로 위에 얹어 놓고 불을 때기 시작하면 그 뜨거운 정도를 느끼지 못하고 여유 있게 헤엄쳐 다닌다는 거야. 30도, 40도까지 올라가도 뜨거운 줄을 모르고 놀다가 나오지 못하고 그냥 그 자리에서 빨갛게 익어서 죽게 된다는 얘기지."

"그렇군요. 환경 변화에 대처하지 못하면 그렇게 되겠군요?"

"그런데 갑자기 30도 되는 물에 집어넣으면 어떻게 되겠어?"

"뜨거워서 뛰쳐나오겠죠?"

"그래서 산다는 거지. 이 같은 원리가 바로 불만고객을 응대하는 기법과 다르지 않아. 처음에 한두 사람의 불평불만은 대수롭지 않게 느껴지겠지만 그것이 모이면 기업을 망하게 하는 큰 원인이 된다는 거야."

"불평하는 고객을 존중하라는 말이군요?"

"바로 그거야. 불평하는 고객이 최고의 정보원이라는 말이 있어."

"그건 또 무슨 말인가요?"

"불평하는 고객을 통하여 문제점을 개선하고 더 좋은 서비스 정책을 만들어 나갈 수 있다는 말이지."

"그렇군요."

"사람들은 심리적으로 기분 나쁜 일을 더 오래 기억한다는 법칙이 있어. 이것은 고객의 재구매와 연결되며 결국 매출액과 직결되는 문제야."

"멋진 서비스 기술은 불평하는 고객을 내 편으로 만드는 일이라는 말씀이시군요. 불평하는 고객을 제대로 만족스럽게 관리할 수 있다면 우량고객으로 만들 수 있다는 자신이 생겼어요."

"다행이군. 그러니 고객의 불평을 오히려 존중하고 그것을 역으로 서비스 정책 개발에 반영해 나간다면 더 큰 서비스 기업으로 성장할 수 있다는 말이지."

파워 유머 기법

일터에서 유머 요소를 찾아라

- 옷차림을 익살스럽게 바꾸어 보라.
- 명함을 재미있게 만들어라.
- 서비스맨으로서 사람 만나는 일을 즐겨라.
- 일을 놀이로 생각하라.
- 고객에게 재미있는 편지를 보내라.
- 감사의 말을 자주 하라.
- 유머인사법을 활용하라.
- 유머로 회의를 하라.
- 역할 연기를 해 보라.

일을 단순히 먹고살기 위한 노동으로만 받아들인다면 그보다 더 큰 고통은 없겠지요. 하지만 가정보다는 일터에서 많은 시간을 보내는 것은 사실이네요. 일을 즐겨 보세요. 주변에 즐길 수 있는 재미있는 요소들을 찾아보세요. 일을 놀이로 생각할 수 있다면 그는 최고의 지혜로운 사람이며 유머리스트임에 틀림없어요. 일하기에 훌륭한 기업들이 갖고 있는 공통점은 바로 일을 놀이처럼 즐기는 일터라 하는군요. 일터에서 찾지 못하는 행복은 어디에도 없을 테니까요.

9. 고객의 입을 훔쳐라

"이봐 송대리, 이 바쁜 시간에 어디 갔다 이제 오는 거야? 손님들 줄 서 있는 거 안 보여?"

"그럼 제가 줄을 흩트려 놓을까요!"

"서비스맨이 있어야 할 곳이 어디일까?"

"당연히 서비스 기업이겠죠."

"그걸 누가 몰라서 묻는 거야? 서비스맨은 항상 현장에 있어야 해."

"언제 고객이 들이닥칠지 모르니까 항상 대기하라는 말씀이군요."

"그렇고 말고. 현장을 떠나서는 존재 가치가 없는 것이 서비스맨이거든."

"그렇군요, 이해가 갑니다."

"그건 그렇고. 요즘처럼 불황인 시기에 돈 안 들이고 하는 광고는 없을까? 매출이 예전 같지 않으니 걱정이야."

"아무리 힘들어도 그렇지요. 돈 안 들이고 하는 광고가 어디 있겠어요?"

"그럼 왕초보는 가장 효과적인 광고는 무어라 생각하나?"

"당연히 텔레비전에 광고 한 방 때리는 거겠죠?"

"누가 몰라서 묻나. 그건 돈이 그만큼 들 뿐 아니라 불특정 다수를 대상으로 하기 때문에 지역 상권을 대상으로 하는 업종에는 그리 효과적이지 못해."

"고참 씨는 뭐가 돈도 안 들고 가장 효과적이라고 보세요?"

"가장 확실한 광고는 고객의 입을 이용하는 것이야."

"입을 이용하라뇨? 고객에게 키스라도 하라는 말인가요?"

"고객의 입소문을 조심하라는 말이야."

"나쁜 소문이 퍼져 나가지 않게 하라!"

"고객의 악평은 기업에 가장 치명적인 이미지 손상을 가져올 수 있어."

"역으로 고객의 입을 이용해야 한다는 말씀이군요?"

"빙고. 고객의 입을 이용할 줄 아는 마케팅이 더 많은 이득을 얻을 수 있다는 것은 상식이야."

"어떤 면에서 그렇죠?"

"고객의 입을 이용하는 것은 비용이 전혀 들지 않아."

"그거야 당연하죠."

"또한 주변 가족이나 친구를 통하여 퍼지기 때문에 바이러스처럼 그 효과가 하루아침에 무섭게 퍼져 나갈 수가 있지."

"그렇다면 가족이나 친구, 동료 등 가까운 사람에게 전파되기 때문에 신뢰성이 큰 특성이 있겠군요."

"바로 그거야. 예를 들면 암웨이를 오늘날 세계적인 기업으로 만든 것은 고객의 입이야. 입으로 전달되는 이른바 다단계 마케팅 덕분이지."

"물건을 써보고 신뢰할 만하면 주변 사람들에게 추천하는 거래 방식을 이용하는 다단계 마케팅은 순전히 사람의 입에 의존할 수밖에 없다는 것은 저도 들어서 알아요."

"소크라테스를 죽인 것은 법이 아니라 당시 사회의 여론이었다는 말이 있어."

"소름 끼쳤어요!"

"뭐가?"

"입소문이 그렇게 무섭다뇨."

"입에서 입으로 전달되는 입소문이 얼마나 무서운가를 말해 주는 좋은 예가 아닐 수 없어. 요즘 기업이 다투어 고객의 입을 이용한 버즈(Buzz) 마케팅이나 바이러스(Virus) 마케팅에 역점을 두는 것도 고객의 입소문이 중요하기 때문이야. 특히 서비스 기업은 아무리 광고 판촉을 잘해도 고객 자신이 체험하기 전에는 서비스의 질을 평가할 수 없는 약점이 있잖아?"

"가장 확실한 것은 주변 사람의 입을 믿는 것이라는 거군요?"

"그럼, 왕초보의 부모님이 추천하는 식당이나 가게를 의심할 수 있겠어?"

"그야 부모님을 믿는데 어찌...."

"바로 그거야. 그게 입소문의 법칙이라는 거야!"

"고객의 입을 이용하라. 정말 돈도 들지 않는 확실한 법칙이군요?"

"그렇고 말고 소비자들은 대부분 주변 사람들의 입소문에 의존하는 경우가 대부분이라는 점을 명심해야 돼. 특히 서비스 상품은 사전에 그 질을 알 수 없기 때문에 구전의 의존도가 상대적으로 크다는 점도 빠트려서는 안 돼."

"알겠습니다. 고객의 입을 다스리는 비결을 연구하겠어요."

파워 유머 기법

고객만족 유머서비스 테크닉을 향상시키는 기법 10가지

- 상품이 아니라 재미를 팔기 위해 노력한다.
- 기억할 만한 서비스를 유머 있게 전달한다.
- 유머 있는 언어를 구사한다.
- 익살맞은 인형이나 선물을 제공한다.
- 유머사이트를 운영하여 고객의 참여를 유도한다.
- 제품의 설명서를 재미있고 유머 있는 문장으로 바꾸어 본다.
- 포장지의 디자인을 유머 있는 그림으로 꾸민다.
- 항상 10개 이상의 유머를 구사할 수 있도록 외운다.
- 유머퀴즈를 내어 경품을 제공한다.
- 매장에 유머게시판을 운영하여 고객의 관심과 흥미를 불러일으킨다.

고객은 재미에 굶주려 있다고 하죠. 쇼핑 나오는 이유는 상품을 구매하는 일차적 목적과 스트레스를 풀고 눈요기를 하기 위한 여가를 위해 나오는 사람으로 구분할 수 있대요. 그런데 주 5일 근무와 여가시간의 증가 등으로 고객이 찾는 요구는 다양해지고 있대요. 특히 재미를 추구하는 경향이 강해지고 있다고 하네요. 이제 재미를 팔아보세요. 유머로 포장해서.

10. 고객에게 물어보란 말야

어느 회사에서 혁신적인 서비스 기법을 개발하는 아이디어 공모를 했다. 물론 당선자에게는 해외 여행의 특전과 함께 보너스가 지급되었다. 별의별 아이디아가 나왔지만 최종 당선자는 다음과 같은 아이디어를 냈다.

"고객에게 물어봐!"

"왕초보는 서비스를 혁신시켜 나가기 위해서 급선무가 뭐라 생각하나?"

"당연히 직원 교육이라고 봐요. 교육 받는 것만큼 정신 무장이 되거든요."

"그럴 수도 있겠군. 그렇다면 우리회사의 약점을 잘 알고 있는 사람은 누굴까?"

"아무래도 경쟁사 아닐까요?"

"그럴 수도 있겠지. 하지만 나는 고객이라고 생각해."

"아니 고객이 기업의 약점이나 캐러 다니나요. 쇼핑이나 하면 되지."

"바로 쇼핑 과정을 통하여 불편한 것을 느끼고 개선되어야 할 것들을 잘 알고 있는 사람이 고객이라는 거야."

"정말 그렇군요."

"요즘 고객만족 우수 기업체에서는 고객을 주인으로 섬기는 경영마인드를 갖고 있어."

"그것이 고객을 섬기는 경영이라는 것인가요?"

"그렇고 말고. 섬기는 경영의 가장 윗자리는 고객이 자리하고 있다는 거야. 이제는 고객을 주인으로 섬기고 고객의 명령에 따라 움직이는 서비스 시스템을 설계해 나가야만 생존할 수 있는 시대야."

"아, 고객이 주인인 시대라!"

"고객에게 물어보라는 말이 그래서 나온 거야."

"그렇죠. 그가 곧 주인이니까."

"그리고 가장 훌륭한 서비스 경영 컨설턴트는 고객이기 때문이야. 고객의 소리를 항상 귀담아 들을 수 있는 자세가 요구된다는 말이지. 훌륭한 서비스맨은 고객의 쓴소리, 단소리를 직접 귀담아 들을 수 있는 귀를 항상 열어놔야 해."

"내가 궁금해하는 것을 고객이 알고 있다는 거군요."

"이제는 고객의 소리를 정책에 반영하기 위하여 고객의 소리함을 설치하여 운영하고 고객의 소리 청취제도를 365일, 24시간 언제나 어디서나 접할 수 있는 제도를 만들어 나가야 해. 또한 불만족 고객을 대상으로 정기적인 조사, 고객 컴플레인 내용, 요구사항 등을 전산화하고 현장의 고객만족, 불만족 사례를 분석하여 이를 활용하는 서비스 시스템을 개발해 나가는 일이 급선무라고 생각돼."

"항상 고객의 소리에 귀 기울이는 자세가 곧 서비스 태도라고 봐야겠군요?"

"그러니까 항상 고객에게 물어보란 말야."

"뭘 그리 자주 물어보나요? 나 시집 언제 가느냐구요?"

"시집가는 일은 걱정 마 내가 알아서 처리할 테니."

"이봐요, 처리한다뇨? 내가 무슨 물건인가요?"

"그래 주님의 물건이다. 만물의 영장아."

"진작 그리 나올 것이지. 고참 씨야말로 진짜 고객에게 물어봐야 돼요."

"아니 내가 바로 서비스 9단인데 누구한테 뭘 물어보란 말인가?"

"그 걸죽한 입버릇 언제나 철이 들 건가를 물어보란 말예요!"

"아 그거, 왕초보도 9단이 되어봐?"

"그럼 나도 그런 구렁이가 된다는 말인가요?"

"되는 정도가 아니라. 매일 구렁이를 삶아 먹어야 할걸. 그게 9단의 자질이야! 고객을 다루고 그들의 온갖 불평불만을 해결해 나가기 위해서는 정말이지 그들의 머리 꼭대기에 올라가 있지 않으면 불가능한 일이야. 이 점을 꼭 명심하라구. 이 왕초보야!"

11. 고객이 나의 운명을 쥐고 있다

국내 굴지의 한 전자회사에서 고객을 어떻게 단골로 만들 것인가를 놓고 워크숍을 열었다.

"고객을 단골로 만드는 비결은 무엇일까요?"

지방에서 올라온 한 지점장이 말했다.

"해병으로 만드는 겁니다."

"고객을 해병으로 만들라뇨? 왜 갑자기 군인 얘기가 나오죠?"

"한번 해병은 영원한 해병이니까요."

"왕초보는 단골고객을 만드는 비결이 뭐라고 생각하지?"

"고객이 원하는 것을 주는 거예요."

"그럼, 고객이 뭘 원하는지를 어떻게 알아?"

"그야 현장 경험이 말해 주겠지요."

"그런 대답을 못 할 사람이 어디 있겠어."

"이제 서비스 9단으로서의 면모를 갖추라구. 한번 해병은 영원한 해병인 것처럼 한번 고객을 평생고객으로 만들어 갈 수 있는 전략이 필요해."

"그럼 단골고객은 기업에 어떠한 이점이 있을까요?"

"우선 단골고객은 신규고객을 창출하는 것보다 유지 관리비용이 적게 들고 홍보 측면에서도 효과가 크지."

"유지비용이 적게 든다는 게 무슨 말이지요?"

"기존고객을 유지하는 것보다 신규고객을 창출하는 데 소요되는 비용이 5배가 높다는 연구결과가 있는데 그게 바로 답이야."

"그리고요?"

"단골고객을 제대로만 관리해 나간다면 홍보맨으로서 이용할 수도 있지."

"홍보요원으로 임명하라는 말인가요?"

"그게 아니라 단골고객의 심리를 이용하라는거야. 대부분 고객들은 자신이 거래하는 기업을 옹호하는 버릇이 있거든. 그것은 일종의 자존심과도 같은 문제야."

"그럴 수 있겠군요. 그럼 단골고객을 관리하는 고참 씨만의 비법을 공개해 주세요."

"어떠한 고객도 기분 좋은 일은 잊어버려도 기분 나쁜 일은 오래 기억한다는 사실을 기억해야 돼."

"그것이 첫 번째 법칙이군요."

"그리고 고객의 이름과 개인적 특성을 파악하여 개인적인 관심을 갖는 게 바람직해."

"개인적인 관심이라!"

"그리고 이제는 '상품+α'의 서비스가 아니라 '상품×α'의 서비스를 제공하도록 노력하라는 거야."

"그건 무슨 말이죠?"

"단순히 플러스적인 개념이 아니라 더 큰 부가가치를 나타낼 수 있는 것이 서비스라는 거지. 또한 단골고객이 늘어날수록 매출이 늘어나며 나의 월급과 승진도 보장된다는 사실을 알아야 해."

"결국은 고객이 나의 운명을 쥐고 있군요?"

"그렇고 말고. 잭 웰치 회장은 이러한 말을 한 적이 있어. 기업은 절대로 미래를 보장해 주지 못한다. 다만 고객만이 미래를 보장해 준다고 말야."

"무서운 말이군요. 고객이 그만한 파워를 갖고 있다니!"

"다음은 고객이 나를 위해 존재하고 내가 고객을 위해 존재한다는 상생의 원리를 기억하라는 거야."

"참으로 고참 씨다운 비법이군요."

"고객과의 지속적인 거래를 유지할 수 없으면 모든 게 끝이야. 이제는 고객이 주도권을 쥐고 있는 시대니까."

"결국 우수한 기업이란 단골고객을 많이 거느리고 있는 특성이 있군요?"

"바로 그거야. 이제는 평생고객의 관계로 발전해 나가야 되겠지 않겠어?"

4

★ 제4장을 읽고 다음 문제에 대하여 토의해 봅시다.

1. 고객의 개념을 정리하고 당신 인생에서 그 중요성을 토의해 봅시다.

2. 평생고객과 고객의 평생가치 개념을 설명하고, 평생고객을 만들어 나가는 방법에 대하여 토의해 봅시다.

3. 20 : 80법칙이 당신 인생에 적용되는 사례를 제시해 보고 고객관리 차원에서 그 중요성을 토의해 봅시다.

4. 불평고객을 다루는 방법을 제시하고 불평, 불만이 해소된 고객의 행동 유형을 토의해 봅시다.

5. 우수기업의 고객만족 헌장 사례를 분석해 보고 귀하가 서비스 기업의 최고 경영자라는 가정하에 고객만족 헌장을 제정하여 실천하는 방법에 대하여 토의해 봅시다.

6. 고객의 소리를 경청하는 방법에 대하여 설명하고 이것이 고객만족 경영을 실현해 나가는 데 있어 중요한 이유를 토의해 봅시다.

7. 자신을 제외하고는 모두가 고객이라는 Sony사의 고객개념을 갖고 지금 당장 기억나는 사람들을 적어보고 당신의 인생에 미치는 사람들에 대하여 토의해 봅시다.

8. 서비스 기업 구전효과에 대하여 토의해 봅시다.

9. 고객의 불평/불만의 사례를 유형별로 나누어 데이터 베이스화하고 이를 활용할 수 있는 방법에 대하여 토의해 봅시다.

10. 우량고객을 유치하고 이를 관리할 수 있는 프로그램 구축방법에 대하여 토의해 봅시다.

저자 소개

임봉영

신안산대학교 호텔외식산업과 교수
경기대학교 대학원 관광학 박사
한국유머경영학회 회장
한국음식업중앙회 교육원 서비스 전문강사
중앙일보 유머칼럼리스트 역임
2002년 월드컵 대회 친절, 서비스 전문강사
한국외식경영학회 부회장/한국관광산업포럼 부원장 역임
인천광역시 음식문화관광위원회 위원(역임)

[저서]

호텔외식경영론 워크북(백산출판사)
서비스쿠데타(형설출판사)
외식산업경영론(형설출판사)
외식사업 주방관리론(대왕사)
셀프 리더십론(백산출판사)
스위트 스팟(다산북스)
1% 리더만 아는 유머의 법칙(미래지식)
1% 리더만 아는 유머 학습법(미래지식)
아버지의 웃음(청림출판)
고객만족 서비스 리더십(백산출판사)
서비스바이러스(도서출판 무한)
외식사업개론(대왕사)
외식사업길라잡이(형설출판사)
고품격 유머스트레칭(다산북스)
감성커뮤니케이션론(한올출판사)
1% 리더만 아는 유머 대화법(미래지식)
우리는 웃기는 리더를 존경한다(다산북스)
시집 「옷을 벗어야 날개가 난다」(토비스출판)

다음 기업체에서 유머경영, 커뮤니케이션, 고객만족, 친절서비스 리더십, 이미지관리 관련 강의함. 서울대, 한양대, 중앙대, 성균관대, 경희대, 건국대, 인천대, 경남대, 아주대 등의 CEO과정, 삼성전자, 현대자동차, 일양약품, 메리츠화재, KTF, 동아제약, 삼성중공업, KB생명, 대한상공회의소, 모두투어, (주)휴넷, 인천광역시 공무원 교육원, 한국음식업중앙회 교육원(서울, 경기, 인천), 롯데호텔, 63City, 웨스턴 조선호텔, 프라자호텔, 리베라호텔, 인천광역시 남동구청, 매일경제신문사, 중소기업진흥공단, 인천광역시 남구청, 인천광역시, 한국조리사협회, 부평구청, 중소기업청, 한국수산, 엘도라도, 이조케터링서비스(주), 정원면옥, 모란각 체인본부, 한국음식업중앙회 각 지부, 용평스키장, OGM Korea, 부천시 소사구청, 프랜차이즈 플라자, RTM, 맛깔컨설팅, (주)제너시스 BBQ, Lai Lai, 남양알로에, 한국여성경제인협회 인천지회, 샤롯데 웨딩페어, 한국창업전략연구소.

E-mail : boongyoung@hanmail.net

저자와의
합의하에
인지첩부
생략

스토리텔링 서비스

2022년 2월 20일 초판 1쇄 인쇄
2022년 2월 25일 초판 1쇄 발행

지은이 임붕영
펴낸이 진욱상
펴낸곳 (주)백산출판사
교 정 박시내
본문디자인 오행복
표지디자인 오정은

등 록 2017년 5월 29일 제406-2017-000058호
주 소 경기도 파주시 회동길 370(백산빌딩 3층)
전 화 02-914-1621(代)
팩 스 031-955-9911
이메일 edit@ibaeksan.kr
홈페이지 www.ibaeksan.kr

ISBN 979-11-6567-491-5 93980
값 14,000원